ちくま学芸文庫

不動智神妙録／太阿記／玲瓏集

沢庵宗彭
市川白弦 訳・注・解説

筑摩書房

目次

不動智神妙録　太阿記　玲瓏集

沢庵における剣と禅

まえがき

戦争は、人間を人間でなくする。『歎異鈔』には、「一人にてもかなひぬべき業縁なきによりて害せざるなり。わがこゝろのよくてころさぬにはあらず」とある。

国の内外に衝撃をあたえている森村誠一の『悪魔の飽食』は、戦時中、日本軍七三一部隊が、無数の丸太（捕虜）へのおびただしい残虐「……丸太が収容所でさわいだので毒ガスで殺した。女性の丸太は主に梅毒の実験材料にされた……」これらの仕事に加わった日本兵は、日ごろ善良な普通の人だった、と書いている。

沢庵の『東海夜話』に、世に一番恐ろしいものは鬼だという。しかし鬼はどこにも見当らぬ。本当に恐ろしいのは人間であるといい、他方では、生きとし生けるものは仏性をそなえているという。

「最も立派な兵器は最も不吉な器である」(『老子』)

沢庵の『玲瓏集』は、「人間にとって一番大切なものは生命《いのち》である」といい、「その生命よりも大切なのは道理(義)である」と言う。

近代の思想家新渡戸《にとべ》稲造《いなぞう》は、英文著書『武士道』(*Bushido: The Soul of Japan*, 1899)において「私の正邪善悪の観念を形成したものは武士道である」といっている。

「武士道といふは死ぬことと見つけたり」といったのは、鍋島藩の士道書『葉隠』(一七一六)である。主君のため一途に死ぬことを強調した武書である。べつに儒教・神道をとりいれた山鹿素行の兵書は、正邪善悪を弁別すべきことを強調する。いっぽんに武書に共通する徳目は、忠義、礼節、倹約、質素である。

これを現代にうけついだのが、明治十五年(一八八二)公布の「軍人勅諭」。その徳目は、大元帥・天皇への絶対服従を鉄則とする忠節・礼儀・武勇・信義・質素の五項目であり、「義は山嶽よりも重く死は鴻毛《こうもう》よりも軽しと心得よ」という死の倫理だった。

一九五二年、対日講和条約発効を機に、全日本剣道連盟が発足し、警視庁はじめ剣道が盛んとなった。ここで指摘したいことは、沢庵の関係二書が、剣術をもって身心を鍛練し尚武の精神を鼓舞するものではなかった、という一事である。「勝負を争わず、強弱に拘《こだわ》らず」と『太阿記』は示している。

とはいえ、剣と禅とには、ほかにも関係がみられる。忠臣は二君に事《つか》えずといわれ、そこに主従というタテの倫理、ひいては家元制度、口伝、秘伝という閉じた人倫、親分子分の気風さえ生みだしている。

沢庵が遺戒において、法系を絶つこと、経を読むな、墓を建てるな、禅師号を求めるな、年譜行状を作るなと示したことは、われわれにのこした深切である。

なお、本書は「日本の禅語録」第十三巻『沢庵』を再構成したものであり、主題とする「沢庵における剣と禅」の観点から、語録は『不動智神妙録』『太阿記』を採り上げ、『玲瓏集』を附載した。

その生涯

江戸時代初期の禅僧沢庵宗彭《たくあんそうほう》は、天正元年(一五七三)、雪深く霧深い但馬《たじま》国出石《いずし》村に生まれ、正保二年(一六四五)、江戸品川の万松山《ばんしようざん》東海寺に、波瀾の多い七十三歳の、必ずしも幸福でない生涯を閉じた。

遺戒(漢文)にいう、

「全身を後の山に瘞《うず》めて、只土を掩《おお》うて去れ。経を読むことなかれ。斎《とき》を設くることなかれ。道俗（僧、俗）の弔賻《ちょうふ》（喪主への贈り物）を受くることなかれ。衆僧、衣を着、飯《はん》を喫し、平日のごとくせよ。塔を建て、像を安置することなかれ。諡号《しごう》を求むることなかれ。木牌を本山祖堂に納むる事なかれ。年譜行状を作ることなかれ」

と。

「我が知人は一人も世に無レ之候」「仏法を行い申すべしと存ずる心は、毛頭胸より出で申さず候」「出家のわざもいやになり申し候て、袈裟《けさ》ぬがざるばかりの出家」「俗人、衣、袈裟身にまとひたる分にて、当年の中〳〵と死期を待つばかりにて居り申し候」「死後ノ事毛頭不レ思、末世之法三十年前ニ見限リ候間、相続之事不レ思、寺之事……其外一事モ望ム所無シ」。

ここに、みずからその足跡を消そうとする男がいる。沢庵における禅宗の解体である。しかし遺戒は門人武野宗朝《そうちょう》（茶匠武野紹鷗《じょうおう》の孫）によって破られ、『沢庵大和尚行状』および『東海和尚紀年録』が編まれ、沼田藩士工藤行広による『万松祖録』が、事蹟、短歌、和文の類を補った。

沢庵が生まれた天正元年は、室町幕府最後の将軍足利義昭を山城から追放して、京都に凱旋した織田信長が、村井長門守貞勝を「天下所司代」に任命した年である。所司代は近世封建制権力の京都支配機構というべきものであり、その機能をフルに活用したのは、徳川家康である。家康によって京都所司代に任ぜられた板倉勝重・重宗父子は、名所司代として活躍し、朝廷・公家・門跡・諸宗本山の監察、および畿内諸国の裁判権をつかさどり、京都以西三十三カ国に対する探題《たんだい》の役割をはたし、幕府官制上、老中につぐ地位にあった。板倉父子は、禅僧金地院崇伝《こんちいんすうでん》、天台僧南光坊天海《なんこうぼうてんかい》、朱子学者林羅山《はやしらざん》とともに、家康の行政顧問として、諸士法度、禁中公家諸法度、寺院法度、切支丹禁制などの立案制定にあずかった。なかでも寺院法度の制定と励行に重きをなしたのは、板倉父子と金地院崇伝である。家康はもと好学の士であり、陣中すでに文治（または法度政治）の理念をもって、法制の資料収集と研究に着手しており、その文教政策を道春《どうしゅん》林羅山とともに大いに助けたのは、さきの以心崇伝（一五六九〜一六三三）である。

彼は、永禄十二年、式部少輔一色秀勝の第二子として京都に生まれた。慶長十年（一六〇五）、金地院の住持となり、寺を洛北から南禅寺内に移した。同十三年、家康に召されて駿府におもむき、外交文書などをとりさばき、以来、江戸、駿府、京都を往来して寺院統制策をつかさどり、十五年、家康の命により駿府に金地院を建てた。十七年、所司代板倉勝重とともに京都の諸寺院を管理し、翌年禁中公家諸法度、勅許紫衣《しえ》条規制定にたずさわった。豊臣秀頼の建立による洛東方広寺の鐘銘「国家安康」の批判を準備・主導し、大坂の陣には、京都五山僧の文献筆写を監理しながら、家康の側近にあった。大坂役勃発の慶長十九年、『大蔵《だいぞう》一覧集』六巻を家康に献じた。大蔵経の要文抄録というべきもので、僧栄西（一一四一〜一二一五）が『興禅護国論』を草する際、座右に置いたという名著であり、のち駿府において銅板活字によって出版された。元和元年（一六一五）、崇伝、羅山、命により『群書治要』五十巻を銅活字開板した。いわゆる慶長御活字本（駿河本）である。

同年、家康は相国寺鹿苑院《ろくおんいん》の僧録（禅宗寺院を管理し、その人事をつかさどる僧職。その役所を僧録司という）を廃し、金地院崇伝を僧録に任じた。崇伝は文藻に富み（例えば「杜鵑文集」「銅江硯記」）、後水尾天皇の命により室町以降五山禅僧の詩偈（崇伝のもの二十三編）を集めた『翰林五鳳集』刊行の際、その序を記したのは彼であり、八条宮智仁親王の命により桂離宮をたたえた「桂亭記」をものしたのも彼であり、家康の文教復興を主導した。家康・崇伝を中心に収集され、五山僧により筆写された文献は、おびただしい数にのぼる。第一級の史料として欠くことのできぬ名著・記録類の多くが今日まで保存されたことについて、仏教史家辻善之助博士は、この二人に対してひとえに感謝せざるを得ない、と記している。「黒衣の宰相」として老獪な政僧の頭目とみられ、わけても寺院法度、「紫衣事件」との関連において、「天魔外道」（沢庵）といわれた崇伝にも、右のような半面があった。もちろん紫衣問題は大徳寺、妙心寺をゆるがし、沢庵の生涯を左右した事件である。

沢庵は今の兵庫県北端、京都府と境を接する但馬国出石城下に生まれた。天正元年十二月一日である。『沢庵書簡集』に頻繁にみられる小出吉英は出石城主であり、沢庵の信奉者だった。

出石城址は、出石盆地中央の山頂と山裾にある。出石は出石川に臨む山紫水明の地、碁盤目のように整然とした町並みは、小京都ともよばれ、初午大祭と大名行列で知られる。古来、出石焼、行李柳、但馬（出石）ちりめん、但馬牛の産地であり、その名は、浮世草子『武道伝来記』に「昔、但馬なる出石の里のいつの昔」、浄瑠璃「わきて出石の山はあれど、恋の病はしるしなき」（『鑓《やり》の権三重帷子《ごんざかさねかたびら》』）にも残されている。

『日本書紀』によれば、垂仁天皇三年、朝鮮、新羅《しらぎ》の王子「天日矛《あめのひぼこ》（槍）命《みこと》」が、海路但馬に来て、未開の泥海であった但馬の水を円山川の河口を開いて日本海に導き、出石・豊岡盆地を開いて産業をおこし、この地に定住した。今の出石神社の祭神だという。この神がたずさえてきた七つの宝のうちに、日鏡、羽太玉《はふとのたま》、足高玉《あしたかのたま》、出石小刀、出石桙《ほこ》があり、出石の地名はこれに由来するという。

出石盆地周辺には多くの古墳群があり、遺跡も縄文・弥生・古墳の各期を通じて見られ、埴輪のほか、正始《せいし》元年（二四〇）の銘のある漢式鏡が出土している。谷山の茶臼山古墳の西北に、沢庵が十歳にして出家し春翁と名づけられた浄土宗唱念寺と、のち臨済禅に転じて希先西堂《きせんさいどう》に学んだ宗鏡寺《すきょうじ》(注)がある。寺の裏山にはのちに沢庵がしつらえて茶を楽しみ、「理気差別論」を書いた小庵「投淵軒」がある。投淵の名は、汨羅《べきら》の淵に身を投じた古代中国の憂国詩人屈原《くつげん》の故事に由来する（『荘子』には「自ら清冷之淵に投ず」ともある）。宗鏡寺は出石城主山名氏の菩提所である。

（注）宗鏡は、山名時氏の四男陸奥守氏清の法名。山名氏亡びて荒廃していたのを、沢庵が元和二年小出吉英の力をかりて再興したので別名沢庵寺ともいい、沢庵作の庭園がある。

信長による京都所司代のことはさきにふれたが、彼が近江に安土城を築いたのは天正四年（一五七六）、その天守閣の完成は天正七年、沢庵七歳のときである。同じ年、沢庵の父秋庭綱典の仕えていた出石城主山名宗詮が、秀吉の率いる織田信雄に亡ぼされるとともに、出石城も焼け落ちた。城は小出吉英によって、有子山の麓に再建された。信長が殺されたのが天正十年、沢庵出家の年である。

これよりさき、秀吉による北野大茶会を主宰した千利休は、天正十九年、秀吉の怒りにふれて自刃したが、同じ年、沢庵の師希先西堂が歿した。翌年、大徳寺の春屋宗園《しゅんおくそうえん》（一五二九〜一六一一）の法嗣董甫《とうほ》宗仲《そうちゅう》が宗鏡寺に住し、とどまること三年にして京都に帰った。沢庵もこれに随って上洛し、大徳寺三玄院に春屋の弟子となり、「宗彭」の諱《いみな》を与えられた。『紀年録』と『行状』には、修行期の彼の窮乏を語る逸話が多い。春屋に参じたのに石田三成、黒田長政、浅野幸長、森蘭丸、歌人・能書家烏丸光広、および茶人の古田織部、小堀遠州がある。遠州は千利休、古田織部とともに三大茶人とよばれ、大徳寺孤篷庵《こほうあん》の茶室は彼の作として名高い。春屋は在世中、後陽成天皇から大宝円鑑国師の号を受けたが、法嗣に玉室宗珀《ぎょくしつそうはく》、江月宗玩《こうげつそうがん》があり、二人は後年沢庵とともに紫衣《しえ》事件に連座した。

春屋のはなやかな門風に対して、堺の陽春庵に枯淡峻厳な禅風を守ったのは、春屋の法弟一凍紹滴《いっとうじょうてき》である。時に大安寺に学僧文西洞仁《ぶんせいとうじん》があって儒学詩文の名が高かった。沢庵はこの人について道を学び、文西の臨終のとき、その全蔵書を与えられた。文西の死後、沢庵は一凍（古鏡禅師）について禅をきわめ、印証および道号「沢庵」を授けられた。

一凍の印証語。

参堂悟了得安閑、　　参堂悟了して安閑を得たり、
呼枕知也眠白間。　　枕を呼んで知らんや、白間に眠るを。
秋水悠悠広多少、　　秋水悠悠広きこと多少ぞ、
夜涵明月昼蔵山。　　夜は明月を涵《ひた》し、昼、山を蔵《かく》す。

（這入ってくるなり安閑《ひま》あけよった、枕元とは知らなんだ、もう窓際で白河夜船か。秋の沢どれほど水が増そうと、知ったことじゃない。夜は明月、昼は山を映しよる）

「白間」は窓。一、二句は庵を、三、四句は沢を暗示か。

沢庵は師の寿像を描かせて、その賛を乞うた。賛にいう。

「麁《そ》面《めん》易《ク》レ描《キ》、中眉難《シ》レ写《シ》。平素作略《ノさりやく》、入《ツテ》二魔界《ニ》一而降《シ》二魔宗《ヲ》一、活機自由、入《ツテ》二仏界《ニ》一而能殺《クス》二仏者《ヲ》一。咦《い》。払子《ほっす》突出《シテ》云《ク》、父攘《ぬすム》レ羊《ヲ》隠《ス》レ之《ヲ》底《てい》、不レ二是彭禅子《ニアラ》一麼《や》。予失笑《シテ》云《ク》、何不《ゾル》レ問二起《セ》太平天下《ヲ》一」。

（麁面＝おおまかな顔のつくり。中眉＝内面を表す眉のあたり。作略＝やりくち・はたらき。活機＝活発なはたらき。咦＝間投助詞。父攘レ羊……＝次の語に由来する。『論語』子路第十三「葉《しよう》公、孔子に語って曰く、吾が党《なかま》に直躬《ちよくきゆう》という者あり。其の父、羊を攘みて子之を証《あか》す」。訴えて自分の正直を証した、という馬鹿正直の話。払子……予……＝払子がしゃべり、一凍が失笑するかたち。彭禅子＝沢庵宗彭。父一凍が羊をぬすんだのを、子宗彭が黙秘しているという文脈）

慶長十一年、堺の茶人山岡宗無《やまおかそうむ》、円鑑国師春屋を招いて、亡父の法要を営んだ。沢庵も席にあった。春屋は先年沢庵に示した公案をもって、彼を試した。

春「万法と侶《とも》たらざる者、是れなん人《ぴと》ぞ」（あらゆる存在と仲間入りしない者、それはどういう人か）

沢　手を八字に開いて「劄《さつ》」（突きささる音。ブスッ）

春「意旨いかん」（どういうことか）

沢「眼にあっては見《けん》といい、耳にあっては聞《もん》という」

春「畢竟《ひっきょう》して如何《いかん》」（結局どうなのだ）

沢「全体作用」

春「『汝が一口《いっく》に西江の水を吸尽するを待って、すなわち汝に向かって道《い》わん』とは、どういうことか」

沢「馬祖、春の如し、誠なるかなこの言」

春「意旨いかん」

沢「細雨、花を養う」

春「伶牙利舌《りょうが》の漢」（この口達者め）

（注）唐の龐蘊《ほううん》居士と馬祖道一《どういつ》との問答。「万法云々」は龐居士の問い。「汝が一口云々」は馬祖の答え。「全体作用」は、じかに全身心《みぐるみ》はたらく。『臨済録』にみえる。『東海夜話』に、「宋儒、仏氏の全体作用をいう。およそ人は知覚運動の間、その所作みな血気の私に導かる。仏氏覚位の人、知覚運動の間において、気をして理に伏せしむ。しかして耳の聴くところ、眼の視るところ、手の舞い足の踏む、みなことごとく性に率《したが》う運動なれば、すなわち全体作用に非ずや」とある。「馬祖、春の如し」は、さきの馬祖の答えについて、宋僧投子《とうす》義青《ぎせい》が評した「口は鉄よりも硬いが、心は綿よりも軟らかだ」を思いおこしてはいかが。

陽春庵の一凍、病床にあって沢庵の応酬を聞いて、「これ真の跨竈児《こそうじ》（親まさりの子）」

といった。

この年、一凍・古鏡禅師七十四歳にして寂、父秋庭綱典六十八歳にして歿。師古鏡一周忌への香語、「形山《ぎょうざん》写し出す老袈裟、一片の黒雲嶮涯を鎖《とざ》す。若し報恩と道わば三十棒、従来我が為めに是れ冤家《おんけ》」（形山＝身体。老袈裟＝老練な済度者。冤家＝あだ・かたき。あだ・かたきのように、日夜冤〈恩〉に報いることを忘れぬ。冤は師の家風を破る意味も含む）。

翌年八月、師の跡を継いで南宗寺に入った。

これより先、禅から儒に入った朱子学者藤原惺窩《せいか》（もと相国寺の僧）の門人として禅から儒に移った林羅山（もと建仁寺の僧。京都に生まれたのが本能寺の変の翌年）は、慶長十年、家康の前で禅僧秀賢、承兌らを論破して信任を得、十三年、家康の侍講となった。この年、天海らは招かれて諸法度の作成にかかった。

天海（一五三六〜一六四三）、姓は三浦氏、会津の人、出家ののち名を天海と改め南光坊と号した。叡山の神蔵寺《じんぞうじ》実全《じつぜん》に天台三大部を学び、園城寺《おんじようじ》に倶舎《くしや》、唯識《ゆいしき》、華厳《けげん》を修め、のち『日本書紀』『周易』、孔老の学を学び、『碧巌録』を読んだ。叡山が信長に焼かれるや、衆を率いて甲斐に入り、武田信玄に拠り、学僧として信を得た。天正五年、甲斐を去り、同十八年、小田原の陣中に家康に謁し、慶長十三年、家康に召され、駿府の宗政顧問として、時には崇伝と論争もした。

家康が崇伝、天海、羅山らに諸法度立案を命じた年の翌年三月、沢庵は長老玉甫らの推挙により、後陽成天皇の詔を奉じて大徳寺に紫衣《しえ》出世した。年三十七歳。大徳寺に住すること三日、退山の偈を残して南宗寺に帰った。

退山の偈。

「由来我是れ水雲の身、叨《みだ》りに名藍《めいらん》に住す紫陌《しはく》の春。耐えず明朝南海の上《ほとり》、白鷗は終に紅塵に走らず」（名藍＝著名な伽藍。紫陌＝帝都の道路、都。南海＝泉南の地、堺か。紅塵＝雑踏する所、俗世間）。

禅宗では、本寺に住することを出世または出世入院《じゆいん》といった。天皇の綸旨《りんじ》により紫衣出世するのは、朝廷とゆかり深い大徳寺と妙心寺で、ほかの五山は幕府の公帖により黄衣《こうえ》出世した。前者は皇室の、後者は公家または武家の祈願所。格式の違いである。紫衣出世は朝廷および寺院の官銭収入の財源であり、黄衣出世は幕府の収入に属した。幕府および僧録司は、事ごとに朝廷の権限を幕府に接収しようとした。なお短時日の出世入院が慣習化の傾向にあり、それにはそれの理由があった。

（注）『職原鈔支流』にいう、「五山の出世は南禅寺の僧録に断り、夫より公方《くぼう》へ申上げ、さて公方より挙したまひて出世をとぐる故に、出世すること成りがたし。（略）大徳寺妙心寺の二ケ寺は……勅任也。（略）出世やすし。是故に妙心寺には今時の長老二百人に及べり」。

大徳、妙心は外護《げご》をうけてきた織田、豊臣が滅び、物心両面に痛手だったところへ、紫衣法度がおしつけられた。わけてもその第二条は致命的だった。それは元和元年の禁中公家諸法度第十六条「紫衣の寺の住持職、以前の規定は希有の事、近年みだりに勅許の事……甚だ然るべからず」に呼応するもので、その内容は、「参禅修行は、善知識に就いて三十年綿密な工夫を続け、千七百則の公案を透過し了《おわ》った上に、各地の老師を遍歴して普《あま》ねく教えを受け、真俗《しんぞく》二諦《たい》を成就（出世間の法、世間の法を修了）、出世の衆望が集まった時、諸知識の連署によって申し出る場合、入院許可になるのが筋道である。近年みだりに出世の綸帖《りんじょう》（詔書）を乞うて、或は僧位高からず、或は修行未熟の輩を出世させる、官寺をけがし、衆人の嘲《あざけり》をうけ、仏制に反する。今後さような者は、追放すべきである」。

これにより元和法度以後に出世したものはすべて紫衣資格を奪われ、数々の綸旨は反古《ほご》となった。大徳、妙心のみに適用された苛酷な規定である。両寺は対策を議した。硬軟両派に分かれ、妙心では東源、単伝、大徳では沢庵、玉室らが硬派を代表して、衆議決しなかった。沢庵は退いて大和に入り大仏供養に列し、南宗寺に帰った。翌寛永五年春、請われて本寺に帰り、玉室宗珀、江月宗玩と三名連署して大徳寺を代表し抗議の書を所司代板倉重宗に送った。さきの布告を反駁する長文である。その要旨。

「この条は恐らく相国様（家康）が事情を大観して概説されたもので、修行の道を究めよとの趣旨であろう。それとも起案者の不明によるものか。千七百則とは、伝燈録にある祖師千七百人に各一則ありとして、大ざっぱにそうよんだまでのこと。そのうち言句のあるのは九百六十三人、他は名と伝記のみ、したがって千七百則というのは事実に合わぬ。千七百則に参じた事例はない。透得千七百則というのは、一句をもって千七百則を透る、一をもって万を知るという趣意である。いま十五六歳で修行を始めるとして、師家に随って三十年、これに出世までの数年を加え、さらに弟子の養成三十年とすれば、限られた生涯、仏法相続の余裕はない。修行三十年は実数ではない。建仁寺開山千光国師（栄西）は仁安三年四月入唐、九月帰朝、文治三年再入唐、建久二年帰朝、其間五年。東福開山聖一国師は入唐から帰朝まで七年、愚中禅師は入唐六年にして大事了畢。大応国師は虚堂《きどう》に侍すること七年にして印可を得、法燈《ほっとう》国師は在唐六年、無門関四十八則を見て印証を得、夢窓国師は二十歳で禅に入り仏国国師の印証を得た、時に三十三歳。大燈国師は大応国師に侍すること五年、百八十則を透過し、二代徹翁は大燈に八十則に参じて大事了畢した。名匠は一句一偈を見て、縁に逢い事に触れて大悟、千門万戸一時に開くのである。大悟は必ずしも古則に依らず、修行年数にも依らぬ。人の寿命には限りがある。わが開山は五十六歳入滅である。（略）

芳春院　玉室
南宗寺　沢庵
龍光院　江月」

板倉周防守殿

弁明書は大徳寺法度（第二条）の全面否定、法度の起草者崇伝への反駁であり、幕府の威信をいたく傷つけた。朝廷と寺院の権限を剝奪しようとの一石二鳥のねらいをもつこの法度への抗議は、元和法度の発布者東照権現・故家康に敵対する結果となった。妙心寺硬派の考えも右と大同小異、なかには本山がつぶされて荒野になろうとも詫びるべきでない、と論ずる者もあった。が、老僧伯蒲《はくほ》恵稜《えりよう》は教団の前途を憂え、江戸に出て奔走し、帰途、近江土山に病歿した。

天海は無罪を主張し柳生但馬守も同意見だったが、崇伝、羅山は「権現様の法度に異議を申し立てたのは、公儀をはばからぬ不届の儀」と主張して硬派の流罪がきまり（江月一人が詫びを入れて赦された）、沢庵は出羽上ノ山《かみのやま》へ、玉室は陸奥棚倉へ、単伝は出羽由利に、東源は陸奥津軽に流罪となった。これを「紫衣事件」という。後水尾天皇は憤って退位された。

その歌。

思ふことなきだにやすくそむく世に、あはれすてても をしからぬ身を
あし原やしげればしげれおのがまま、とても道ある世にあらばこそ

沢庵はもともと山林閑居を好み、政治にかかわることなど思いもよらなかった。沢庵自

身、元和法度以前の出世であり、紫衣問題とはかかわりがなかった。そのうえ大坂落城の直後であり、焼失した南宗寺の善後策に追われていた。ところがこの事件によって、はからずも渦中にひきこまれてしまった。沢庵は上ノ山城主土岐山城守に、玉室は棚倉の城主内藤豊前守に預けられた。監視つきの人質である。

江戸の落首にいう。

雨ふれば沢の庵《いおり》も玉むろも、流れてあとににごり江の月
玉の室、沢の庵もながされて、みそかすばかり残る江の月

流罪をきいて、出石城主小出吉英兄弟が堺から面会に来ようとするのを止めて、まだ出発の日もきまっていない、二人来られては出発の準備もできぬ、誰にも会わぬつもりだから、来られては迷惑、と書き送っている。

七月二十七日、玉室と共に江戸を出て、途中同行、下野《しもつけ》の大田原で、一人は出羽へ、一人は陸奥へ袂《たもと》を分かった。

その時の詩。

沢庵

天、南北に分れ両鳧《ふ》（二羽のかも）飛ぶ、何れの日にか旧棲（旧巣）翼を双《なら》べて帰らん。聚散、常無く只此の如し、世上の禽《とり》も枢機《かく》（向きを変える機《とき》）有り。

玉室

草鞋竹杖《そうあいちくじょう》、雲と与《とも》に飛ぶ、旧院何れの時か手を把《と》つて帰らん。水遠く山長く猶信《しん》を絶つ（さらに音信も絶えた）、別離今日已《すで》に機を忘る（枢機も忘れた）。

白川（以下いずれも沢庵）

都へとむかしの人も今の身も、便りあらばの白河の関

金風吹き起こす白川の波、秋は胸襟に満ちて感慨多し。百歳人間元《もと》旅寓（仮の宿）、東漂西泊是れ娑婆。

信夫《しのぶ》にて

乱るなと人を諫《いさ》むる折からに、わが心さへしのぶもぢずり（文字摺は地名）

松島ちかければ

ゆるされぬ身はいつゆきてみちのくの、ちかのしほかま（塩釜）ちかきかひなし

八月半ば上ノ山の配所に着き、土岐山城守に預けられた四日後の、堀丹後守への手紙に心境が読まれる。

「誠此度宗門之事にまっすぐな事を申て、御意にちがい、出羽の国まで流されしと申事は、

二代三代も人の口に残り可レ申候。名聞《みようもん》（世の語り草）と申ながら、末世にはせめてみようもんたりとも残り候えば、満足に存候間、心さえちりにけがれ候わずば、身のくるしみ何とも不レ存候。心をむさく人に見られて、身の安き事は、悦不レ申候（暗に江月を諷す）」。

土岐山城守、彼のために庵を作ろうとしたので、なるべく小さくと申し入れ、ささやかな萱葺《かやぶ》きが作られた。彼はこれを「春雨庵《はるさめあん》」と名づけ、扁額をかかげた。

思ひねて昔わすれぬさよ枕、夢路露けきまどの春雨
はなにぬる胡蝶の夢をさまさじと、ふるもおとせぬ軒の春雨
苔あつき草の庵のはるさめは、しづくにだにもふるとしられず
ちる花ををしむ涙か入相《いりあい》の、声もうるほふはる雨の空

配流の心境（堀丹後守あて）。
「出家は三界を家とする事勿論に候間、何とても悲事もなく候。武士之御国かえ同前と存候而居申候。御気遣候間敷候。御なげきも候間敷候。世をなげき身をかなしむは、白地凡夫（ずぶの凡夫）の上に候。凡夫にも自然と得心の者は、世を嘆事はなく候。為レ法為二先師一我と心より如レ此成行候身に、何の嘆あるべく候哉《や》と存候。御折檻の初候えば、又御

赦免の終も可レ有レ之候。命候わば、互に可レ遂二再面一候」

（注）寺院法度は徳川氏による中央集権徹底の一環にすぎず、次の施政と不可分であった。

イ、権力を京都から駿府を経て江戸へ（所司代の権限強化）。

ロ、秩序の固定——学問奨励、紛争の禁止、異学異教禁止、新儀停止（官制イデオロギーの普及）。

ハ、本寺末寺制の確立と単純化（昭和の戦時の寺院制度の単純化を思え）。

少しさかのぼって、但馬にふれておこう。

慶長十八年、出石城主小出吉政病歿、沢庵が導師となって戒名「雲龍院」をえらび、翌年南宗寺内に雲龍院を建てた。このとき修行僧一絲《いっし》文守《もんじゅ》（のちの仏頂国師。一六〇八～四六）初めて沢庵にまみえ、二人の道交が始まった。沢庵配流のとき、一絲もまた上ノ山に至り薪水の労をとった。師が三年の流罪を赦されて江戸に帰り、「人質」として江戸にとどめられる前、徹底して幕府嫌いの一絲は京都に帰り、洛西に閑夢庵をむすんで、そこに住んだ。一絲にはとりわけ法を嗣ぐ問題が重要だった。

寛永二十年（一六四三）春、一絲は三十六歳にして妙心寺の愚堂《ぐどう》東寔《とうしょく》（一五七七～一六六一）に相見《しょうけん》したが、そのあと愚堂から嗣法について私信をうけた。その感想を一絲はこうのべている。

妙心寺愚堂我らに仏法をあづけ申たきよし、ひそかにつかひして申され候。をかしき事のみにて候。一かうとりあひ申さず候。あづくるとは、いんかをわたし候て、でしぶんにはならぬことに候。(寛永二十一年三月大通公主宛)

同じ頃、沢庵は後水尾上皇と家光と双方から法嗣《はっす》をつくるようすすめられたが、断っている。絶法すなわち法嗣をつくらぬ意思は、二年前、波多中庵あての書簡にみえている。これについては後でふれよう。さきにみたように、一絲は沢庵のあとを追うて上ノ山に行ったが、師の絶法の意思の固いことを知り、侍すること半年にして京都に帰った。印可なくてなんの坐禅ぞ、というところか。明《みん》に渡るのも鎖国のために果たされず、結局、嗣法の書を通じて愚堂の法を嗣いだ(寛永二十一年七月)。

徹底した反幕勤皇の人一絲にしてみれば、沢庵が将軍家光によって、江戸に足留めされることに我慢がならなかった。一絲自身も、家光から江戸に来るようすすめられたが、拒否した。家光は中世武士と同じく、上方公家文化へのひけ目から、沢庵、一絲などを近くに置いて、将軍の「品位」を高めようとしたのかもしれぬ。沢庵は節を曲げて権勢に屈した、と一絲は見た。大徳、妙心のなかにも同じ批判があった。『東海夜話』がくりかえし「堪忍《かんにん》」について語り、「百戦百勝も一忍にしかず」といっていることが思いおこされる。

気に入らぬ人間を殺すか、辛抱するか、自分の腹立ちが消えることに変わりはないが、殺してしまえば忠言を聞く機会を失う、「君子これを忍べ」と『夜話』はいう。

『夜話』の説をいまひとつ思いおこそう。沢庵はその中で、『六祖壇経』にみる神秀上座《じんしゅうじょうざ》の偈《げ》「身は悟りの樹、心は澄んだ鏡の台。いつもきれいに磨きあげ、塵や埃を着かせまい」と、米つき男慧能《えのう》の「悟りにはもともと樹はない、澄んだ鏡もまた台ではない。本来からりとして何もないのだ、どこに塵や埃があろうか」（中川孝氏の現代訳による）との違いをとりあげ、神秀は慧能に遠く及ばぬ、五祖は六祖慧能に印証・伝法の衣鉢を与えたのだ、と得意げに語る禅僧が多い。だが壮語する禅僧の大半が、神秀ほどの知と行をもっていないのだ、と沢庵はきめつけている。まことにひとごとではない。

沢庵は但馬の武士の末、一絲は公卿近衛家の出身であり、従妹壬生院は、後光明天皇（後水尾天皇の第四皇子）の生母である。沢庵の考え（注）は、僧天海とともに公武合体的であり、天皇に対しても将軍に対しても、禅僧として淡々と接していたが、一絲の家風は純粋直截にしてしかも深切、そしてみずからいうように苦硬（にがくかたい）であった。一絲と後水尾天皇の第一皇女梅宮とは、なみなみならぬ親しさにあり、一絲には長さ二メートルにも及ぶ書簡があり、別の尚々書《なおなおがき》には「ゆかしさのみにて、書不ㇾ尽ㇾ言、言不ㇾ尽ㇾ意」といい、辻善之助によれば、「まことに余音嫋々、後髪を引かるる如き心持、時に梅宮は御年二十六、一絲は三十七歳」という（『日本文化史』V第四十三章。梅宮の私信に変成男子《へんじょうなんし》・男に生まれ変わって成仏するという人間差別の仏教語がある)。

(注) 沢庵は天皇の要請に応じたこともあり、応じなかったことも幾度かある。寛永元年高松好仁親王が投淵軒を訪れたときは、戸を閉じて会わなかった。また、慶長十六年、豊臣秀頼の招きにも応ぜず、細川忠興の三請もうけなかった。元和三年には黒田長政が筑前崇福寺に招いたが、これにも応じなかった。寛永十五年後水尾上皇に華厳宗第五祖圭峰宗密《けいほうしゅうみつ》の『原人論』を進講した際、国師号宣下の旨を断り、大徳寺第二世徹翁《てっとう》への追贈を請い、天応大現《てんのうたいげん》国師の諡号を贈られた。沢庵には「風狂」の禅者一休を賛した偈が二首あるが――山城国薪《たきぎ》に一休が営んだ酬恩庵に寄寓したこともある――一絲が一休を賛した例はない。沢庵はユーモアの人、不遇の際の狂歌も多いが、一絲はそれと無縁であった。

沢庵は、さきの紫衣法度への抗議は、自分の一存によるもの、自分一人はどのような処分も覚悟のうえだが、ほかの二人は赦免されたいと申し出ている。配所に流されたのは、武士のお国替えと同じく、少しも気にならぬ。上様がかような処置をとられたのは、法度の手前当然のこと、上様ご自身もわれわれを悪く思っていられないと聞いているし、われわれも上様を悪くは思っていない。先方は法度のうえのこと、当方は仏法のうえのこと、いずれも必然の成り行きにすぎぬ。都にいるのも辺地にいるのも、何の変わりもなく、故郷懐かしの思いもない。「金玉我において用なし、食は朝に一粥、暮に一粥にて足ることを知る。衣は紙の被、綿衣なり、住処はその居一畳にすぎず、金銀さらに用なし」（『東海夜話』）。

小出大和守あてには、

今の世に、出家にも俗にも、私が身ほどに打ちもぎ申したる人は無レ之候。よるもひるもねるも人に対面申すも、周防殿へまかり出候も、着のみ着のままに仕りて居り申し候。

肖椎寺あてには、

貧賤是僧《ノ》常也。無《ケレバ》レ衣則《チ》乞レ衣。無レ食則乞レ食。蓋《シ》乞衣乞食。僧《ノ》常也。

沙門の衣くさり色にそむるを本意とす。色をてらすこと、末の世に出来たる事なり。

身は麻にやつしながらも今日はまた、心にかゆる花ぞめの袖

『結縄集《けつじょう》』にいう。

飯は何の為にくふものか。ひだるさ止ん為にくふものか。しかるにそへ物なくてめしのくはれぬといふは、皆人の僻《ひが》なり。ひだるさやめんための計略なり。添物なくて飯の喰

れぬといふは、いまだうゑのきたらざるなり。若し飢来る其時に及んでは、こぬかをも撰ぶべからず。況や飯に於てをや。何のそへ物かいらむ。
ひだるさに寒さに恋をくらぶれば、恥かしながらひだるさがます

「簡略これ仏道」、世間のゆたかな出家と私とは、「雪と墨のちがい」ともいう。

見わたせば心も青む稲の葉に、涼しく残る夕立の露

但馬の実弟秋庭半兵衛への手紙は、配所の衣食住をこまごまと報じたあとで、自分に対する土岐山城守（もともと沢庵の監視役）、堀丹後守の心づかいが、親が子を思うように深切だといい、あまりに気をつかわれるので恐ろしいほどだ、出家は三界を家とする一衣一鉢の身、どこへ行っても悲しくはない、物をいただいても使いようがないので、いただき物は右から左へあげてしまう、お金もおなじこと、今後はあれこれくださらぬように願いたい、手紙も諸方からいただくと、返事に一苦労だから、上ノ山城中の方々に頼んで、どこからの手紙も一切見ぬことにしている。京、堺から来た使いも、逢わずに返してしまった（禁足の身分ゆえ、わずらわしさをいとうたのであろうか。ただし茶匠小堀遠州は彼の寓居を訪れている）。おたがいに遠く離れていても、思う心に二つはない、処分の始めがあれば、

赦免の終わりもあろう、どうか心を使わないでほしい、と繰り返している。

将軍家光の親切も至れり尽くせりの忝《かたじけな》さ（観能、茶会、将軍賓客との面談など）、そのありがたさが迷惑であり、そのために病気になる、病気になればなお親切にされる、いよいよ病《やまい》は増すばかり。「日々御懇意は変らず候へ共、法門の補《おぎない》には成り難く候」（波多中庵あて）。

家光は沢庵のために館舎をつくらせようとしたが、そうなると江戸を離れる機会が遠ざかるので、これを断り、柳生宗矩《やぎゅうむねのり》の別宅のなかに庵をしつらえ、ここを「検束庵」と名づけた。郷里宗鏡寺の庵を「投淵軒」と名づけ、一度身を淵へ投げたのが、もう一度投げるような破目、義理と人情のがんじがらめになったのは、誰の坐《つみ》でもない、すべては身から出た錆、今はただ死を待つばかりだ。世間に栄え時めくのも、ただひとときの村雨にひとしい。

　　うつゝとハ我人ことのあやめ草、ねし夜の夢に枕かはすを
　　うつゝとハいかにかまへておもふらん、夢さへなしといひしもあるを

別に、稲葉美濃守が日永に退屈せぬような歌を、と乞われて、

　　浅ましやおもへば日々の別れかな、きのふのけふにまたもあはねば

家光がいうには、天下の万事にかられて、ゆっくり坐禅して工夫三昧もできにくい、胸の不審も一つずつはらし、目を開くよう心がけたいので、自分の近くにいてほしい、またかねて沢庵に参じている柳生宗矩を呼び、兵法之事について沢庵に思う存分をたずねてみよといわれ、宗矩との間に問答がかわされる、「そなたは自分の迷惑ばかり言うて、こちらのことは考えない」と将軍からいわれ、江戸を離れる機会は遠のくばかり、「私は三十年近く世を捨てまして、山林を住家とする者、あと一、二年の命と存じますので、おゆるし願いたい、これ以上気をつかわれては迷惑です」といえば、「権現様の紫衣法度のこともいずれ処理したいと思っており、これには相談したいことも多いので、思いとどまってほしい」、迷惑というが、天下の事について必要とあれば、「筑紫のはて奥州のはてにて、僧にても俗にても、わが用とあらん、いなとは誰が申すべきぞ、そこの事、沢庵一人にはかぎらぬ」ときめつけられた。

是非に及ばざる儀に候。猿が人のまねをするから、綱をおとがひにつけられ候ごとく、我からの儀に候。因果歴然と存ずるばかりに候。
余年今一両歳と存候に、大々の苦労受レ身申事、此生取り失ひ申すとより外不レ存、殊に繫猿に罷《まか》り成り、在府仕る事、一生の浮沈相驚き候。（小出吉英あて）

世にあはせ申しても、はや無余候間、今日〳〵と存じ、死をまつばかりにて御座候。杖と草履とを、我と手に取て、縁之下屋に置申、罷出時取出し、我とはき申て出入仕候位にて、中々世上不相成候。（同右）

死以外には、家光の束縛からのがれる途なしと思っているかにみえる。東海寺の四門に夜番が置かれて、世にこれを沢庵番といったという。家光は沢庵の辞退をおしきって、品川に万松山東海寺を建てたのである。

沢庵の努力と忍耐、天海、柳生宗矩、春日局（板倉勝重に推されて家光の乳母となった）の斡旋、家光の好意によって、大徳、妙心の紫衣問題が一応かたづいたことを喜んで、「一代の隙明《ひまあき》申し候」「愚老一世之満足……已後は一死を待つばかりにて候」と書いたが、しかし「出家道も皆々下りはて候て、よき事は一つも御座なく」「紫野の仏法今の世には用に立ち申さず」「只渡世一道と見え候」とも記している。

得道の事について、

古則話頭をみたとて、得道成るにても候はず、それハ言句之段々を明らめたるにて候。天地万物を一身にをさめ候ハねば、得道之人にては無之候。天地同根万物一体と御覧あるべく候。

『鎌倉遊覧記』は極楽寺に詣でて、「たのしみをきはむる寺のうちとても、世のうきことやかはらざるらん」と詠じ、円覚寺を訪れて、こう書いている。

人無心にして物よく感ず。菩提心さへ胸に残らば煩悩なるべし。まして煩悩を胸におかんをや。煩悩即菩提といへるは、一坂超らん人の眼よりいへることば也。己眼明らかならずして、達人の言葉を持ち来て、我が物としいへる類世に多し。修もなく証もなしといへるも、修得証得の人の言葉也。祖師先徳に花実そなはりたり、今の世にはあだ花のみ咲きて実なし。言葉をとるばかりなり。甘といふ文字唱へたりとて、口あまかるべからず、火ととなへたりとて、口あつかるべからず。

「仏祖の妙道、あに二則三文のものならんや」（『枕物語』）。近年大徳寺では少年僧を身近に置いて寵愛し、数年すれば印可証を授け門外には出さない、他流仕合を恐れてのことだ、とも諷している（『東海夜話』）。わたしは先師の印証を得てからすでに四十年、その間に一則の公案をもって弟子達に示したが、正知見を得た者は一人もいない、この事実から今後を思うと、先は知れている。若し一人も救うことができぬとあれば、のこるのは世渡りの術ばかり、愧じ入るほかはない。そこでわたしは仏法を捨てて道《い》わぬことにした。あとは法衣姿だけ、これは先師の恩を忘れぬというしるしにすぎぬ。

波多中庵あてに、「死後の事毛頭思わず、末世之法三十年前に見限り候間、相続の事思わず、寺の事、次で何と成る可しと云う事存ぜず、禅師号国師号望み無し、其外一事も望み無し」とあるが、末世の法を見限った三十年前といえば、沢庵が詔を奉じて大徳寺に紫衣出世した頃に、ほぼ相当する。「江南の野水、心頭に漲る、只だ終に白鷗に伴うべし。一たび紫袍（紫衣）を賜う禅座の上、爾来吾も亦た官に抱かるる囚《しゆう》」（自賛）。また、「我輩誠に名を窃《ぬす》む器也。一事として義に当ることなし。偏《ひとえ》に渡世の心のみありて、道心毛頭起らず、空《むな》しく仏法の名字あるのみにて実無し」とまで告白している（『泉南寓居記』）。親鸞の「愚禿悲歎述懐」、または「親鸞は弟子一人も持たず候」を連想させるだろうか。沢庵の『碧巌九十偈』は、「西天の師祖の授、授に非ず、東土の神光（第二祖慧可《えか》）伝不伝」「末法之禅流《ぜんる》、以レ禅授受に擬す、禅授くべからず、禅受くべからず。的的西天二十八世、授に似て授に非ず。東土の二三（六祖まで）伝に似て伝に非ず」という。「面授」（師が弟子に面接して法を授ける）を強調する道元は、「釈迦牟尼仏、迦葉《かしよう》仏に嗣法す」という。盤珪、臨済に嗣法すといえないか。真の面授は面と不面とを論せず（天桂伝尊《てんけいでんそん》）。

初めに掲げた沢庵の「遺戒」は、次の遺戒之条条を『万松祖録』が要約したものである。

老僧遺戒之条条（抄。原漢文）
一、わたしに法を嗣ぐ弟子はない。わたしの死後、もし沢庵の弟子と名のる者があったら、それは法の賊である。官に告げて厳罰にせよ。

一、わたしに法を嗣ぐ弟子はない。従って弔問を受ける喪主たるべき者はない。自宗他宗とも読経にお越しになることもあろう。当寺の首座《しゅそ》は門外に出て、ことわけを述べて、お帰り願うこと。どうかお入りになって、と請じ入れてはならぬ。

一、わたしは存命中、衣鉢を先師の塔に還した。従ってぼろをまとうた黒衣の僧にすぎぬ。

一、死後、紫衣画像を掛けてはならぬ。一円相をもって肖像に代えよ。華・燭・香炉は任意でよろしい。

一、鉢盂・供物など一切供えてはならぬ。

一、志のある方は、持参の香合《こうごう》で線香一本立てられよ。これもその人の自由、わたしに関係はない。

一、香典と称して持ってこられたら、たとえ芥子粒ほどでも受け取ってはならぬ。

一、わたしの死後、禅師号を受けてはならぬ。

一、本寺の祖師堂に位牌を祀ってはならぬ。もし、自分の一存で祀ろうとして、位牌を納める者があったら、ひそかにこれを焼き捨てよ。この人こそ、わたしに最も深切な方である。

一、大徳寺山内の長老方の遷化の際は、必ず一山のおときがある。わたしは本寺を退いて、身を荒野に捨てた者、本寺の営みなど一切存ぜぬこと。おときは必ず行ってはならぬ。かねて考えていたことで、今思いついたのではない。
一、わたしの身を火葬にしてはならぬ。夜半ひそかに担ぎ出し、野外に深く地を掘って埋め、芝をもって蔽え。塚の形を造ってはならぬ。探しだすことができぬようにするためだ。身のまわりを世話してくれた、二、三名も二度とその場所に詣でてはならぬ。
一、わが息すでに絶えたなら、夜間すみやかに野外に送れ。もし昼間だったら、亡くなったというてはならぬ。夜を待ってひそかに送るがよい。僧としては晃と玖の二人のほか、送ってはならぬ。帰ってきてから、香をたき拝をするのは結構だが、どんなお経も読んではならぬ。
一、寺の内外に石塔を立ててはならぬ。先師春浦《しゅんぽ》和尚の偈に、「本身に舎利無し、臭骨一堆の灰、地を掘って深く埋む処、青山点埃《せいざんてんあい》を絶す」と。これを思いこれを念《おも》え。
一、とくに年忌と称するものを営んではならぬ。（『万松語録』巻四）

肖像のかわりに一円相を画工に描かせ、中心にみずから一点を加えた。清浄本然《しょうじょうほんねん》（真如）が忽然念起してここに沢庵あり、という含意か。べつに長い賛をそえた。弟子が遺偈をもとめたのを拒み、「夢」の一字を大書し、余白に小さく「百年三万六千日　弥勒《みろく》観音幾是《いくぜ》非《ひ》　是亦夢非亦夢　弥勒夢観音亦夢　仏云応作《おうさ》如是《にょぜ》観《かん》　沢庵野老卒援筆」とし、そして示寂《じじゃく》した。正保二年（一六四五）十二月十一日である。

無銘の巨石を置いた墓が、東海寺から歩いて十分ほどのところにある。茶人小堀遠州が周囲を整えたという（『万松祖録』）。その沢庵の墓は、いま高架鉄道の下を、大型ダンプカーが轟音をたてて絶えず往来する道路の間近にある。

山のおく谷のそこにて死なましと、おもひし身さへうき世なりけり

沢庵が神儒仏一致を説くなかで、明神の筆頭に東照大権現を置いたのは、ひとつの妥協である。自分は糞掃衣《ふんぞうえ》をつけた乞食の末という彼は、ひとたび紫衣出世して以来、わたしも官につながれた捕囚と告白し、紫野の仏法今日の用に立たずというとき、そこには沢庵自身も含まれているはず、紫衣出世して天皇の「聖寿万歳」と将軍の「天下泰平」をことほぐことも、渡世の計であったか。「まことにわたしは名をぬすむうつわ。渡世の計のみあって道心毛頭起らず、仏法の名字あって実なし」という悲歎述懐が、この遺戒のなかにうずいている。紫野の仏法、用に立たぬゆえ、わたしは用に立つ仏法を立てようとした、とはいわぬのである。

勝負を争わず――『不動智神妙録』『太阿記』

室町時代後期から江戸時代初期にかけて、商品流通の進展、貨幣経済の発達、貢納制《こうのうせい》の

確立、刀狩の徹底、足軽の出現、鉄砲渡来などによる集団的戦法の変化などが、武士を城下町に定住させる兵農分離政策（のちには参勤交代制、諸侯妻子の江戸常置制）を大いに促進した。いわゆる元和《げんな》偃武《えんぶ》(注)（年号元和にはじまる戦争の停止）の時代に入って、武士の大集団が武器をもって戦う機会は、ほとんど見られなくなった。これにともなって、おおまかにいえば、武術が武道に、剣術が剣道となる歴史的条件が生まれたといえよう。いつの時代にも、武闘がそれぞれの「大義名分」をかかげたにせよ、それらは通時的主体的な道にはなりにくかった。

（注）「偃武」は押しつけスローガンめいたところがあり、牢人や切支丹の叛乱、一揆などの動乱と社会不安がなくなったのでは、決してなかった。

沢庵が柳生宗矩に与えた『不動智神妙録』の初めに、次の一節がある。

「諸仏の不動智ということがあります。……動かぬといっても、石や木のように、全く動かぬという意味ではありません。前後左右、四方八方へ心は自由に動きながら、いささかもとらわれぬのが不動智です。……不動明王といっても、実は一心の動かぬところをさしたもの、身がぐらつかないことです。ぐらつかないとは、心が物事に止《とど》まらぬことです。……物に心が止まると、いろいろの分別心が胸にわき、いろいろ胸のうちに動くのです。……止まる心は、動いているようで、自由自在に動かぬのです」。

ここに示されている要旨は、次のとおりである。
一、動かぬということは、心が前後左右、四方八方に自由に動くことである。どこにも心が止まっていないことが、動かぬということである。
二、自由に動くのは、心がどこにも止まっていないからである。
三、心が何かに止まると、胸の中にいろいろの分別が動きまわる。
四、止まる心は、動いている心である。動いている心は、何かに止まっているゆえ、自由自在に動けない心である。動かないというのは、自由自在に動くことである。
それは心が何か特定のものに、止まっていないからである。心が不動だからである。心が何かに止まると、それをめぐって、あれこれと分別が動きまわる。止まると、動きまわるのだ。動きまわらぬ心は、不動の心である。不動の心はどこにも止まっていないゆえ、自由自在に動くのだ。

止まっている心は、たえずぐらついている心である。ぐらついていない心、すなわち不動心は、自由自在に動く心である。何かに止まる心は、たえず動きまわる心、不安な心であり、動きまわらぬ安定した心は、自由自在に動く心である。

唐の禅匠雲門文偃《うんもんぶんえん》（八六四〜九四九）は、「不動尊とは、どういうのですか」と問われて、「東奔西走」と答えた、という。正法をまもり実現しようと、東奔西走する主体である。自分や物にこだわっていては、活動の自由は得られない。

民間信仰に、「走り不動」というのがある。衆生の苦しみ悩みをきいて、それを救おうと走りまわる不動である。

東ニ病気ノコドモアレバ
行ッテ看護シテヤリ
西ニツカレタ母アレバ
行ッテソノ稲ノ束ヲ負ヒ
南ニ死ニサウナ人アレバ
行ッテコハガラナクテモイヽトイヒ
北ニケンクヮヤソショウガアレバ
ツマラナイカラヤメロトイヒ……

これが詩人宮沢賢治にみる「走り不動」であろうか。
また「泣不動」というのがある。衆生の苦しみを見て、仏眼から血の涙を流し、代わってその苦を受けようと誓う不動尊である。仏典の常啼《じようたい》菩薩、すなわち衆生の苦悩をみて、たえず悲涙啼泣《たいきゆう》してこれを救おうとする仏もまた「泣不動」の仲間であろう。ただし不動尊が、この世の魔障を断つために、般若の利剣をもち、憤怒《ふんぬ》の相《そう》をとることは、知られるとおりである。

『不動智神妙録』の叙述は、さきにつづいてこう示している。

「たとえば、十人が一太刀ずつ切り込んできても、その一太刀一太刀を受け流して、跡に心を止めず、次々と跡を捨て跡を拾うならば、十人すべてに働きを欠かぬことになります。十人に十度心が働いても、どの一人にも心を止めなければ、次々に応じても、働きは欠けますまい。もし、一人の前に心が止まるならば、その一人の太刀は受け流すことはできても、二人目の時は、こちらの働きが抜けるのです」。

これは剣道における無住心、どこにも止まらぬ心の例証として、わかりやすい一節である。

『不動智神妙録』は、次の言葉ではじまる。

「無明住地煩悩《むみようじゆうちぼんのう》。無明とは、文字通りに明らかでないということです。智慧に暗くて迷うことです。住地とは止《とど》まる境地です。……止まるとは、何事についてもそれにとらわれることです。

あなたの兵法にあてはめていえば、向こうから切りかかってくる太刀を一目見て、そのままそこに太刀を合わせようと思えば、相手の太刀に心が止まって、こちらの働きがお留守になり、向こうから切られるのです。これを心が止まると申します。打ってくる太刀を見ることは見ても、それに心をとめず、相手の打ってくる太刀の拍子に合わせて、こちらから打とうとも思わず、思案分別を止めず、振り上げる太刀を見るや否や、それに少しもとらわれず、そのまま付け入って相手の太刀にとりつくなら、切りこんでくる太刀をこちらへもぎとって、逆に相手を切る刀となるのです」。

書物の性格上、簡単な前置きから、すぐ兵法のことに移っている。そこで読む者は、前置きを素通りして、剣道の心掛けに目を移し、「打ってくる太刀を見ることは見ても、それに心をとめず……」と読み進むことにもなる。

それでよろしいといえばよろしい。けれども問題は「迷い」である。『安心法門』の「迷う時は、人、物を逐《お》う」の迷いであり、『碧巌録』の「己《おのれ》に迷うて物を逐う」（第四十六則）の迷いである。この迷い、すなわち無明住地煩悩を、剣の場において断ち切る工夫、いわゆる「事上磨練」の工夫が、剣道の趣旨であり、これが『安心法門』の「事上より解《さとり》を得る者は気力壮《さか》んなり。事中に法を見る者は、処々念を失わず」ということにあたる。そこで『太阿記』の「敵、我を見ず、という我は、真我の我である。人我の我ではない。人我の我は、人がたやすく見抜くのだが、真我の我を見る者は稀である」という指摘となる。

なお『不動智神妙録』は、『安心法門』の理の悟り、事の悟りに照応して、理の修行、事の修行、および「心を放つ」工夫について述べている。本文についてみられたい。
『神妙録』の核心は、『金剛般若経』の「応《まさ》に住する処なくして、其の心を生ずべし」にある。六祖慧能（六三八〜七一三）はこれによって道心にめざめた、という。ただ単に相手が「振り上げる太刀を見るや否や、それに少しもとらわれず、そのまま付け入って、向こうの太刀にとりつく」のであれば、それは『東海夜話』にいう「全体作用」すなわち根源的な王三昧ではなく、技術的な枝末《しまつ》三昧になりかねない。

とはいえ、剣道は剣道として多分に技術的であることも、みとめねばなるまい。もしもかりに沢庵が剣をとって柳生宗矩に立ち向かったとするならば、容易に打ち負かされたかもしれぬ。人生の達人必ずしも剣の達人ではない。「勝負を争わず、強弱に拘《こだわ》らず」これが『太阿記』の本領である。敵対する双方の剣士が、不動智を同じ高さにまで体得していた場合、事はどのように運ぶであろうか。禅は良薬と合して薬水となり、毒物を合して毒液となる底《てい》のものでないことを、反省したい。

昔、中国において、一人の官吏が、禅院にまつってある護国の善神を見て、院主に「この護国の神の功徳はなんであるか。ただこの国を護るのか。すべての国々を護るのか」と問うたところ、院主は「秦の国では秦を護り、楚の国では楚を護る」と答えたという。敵対する双方の国家を護るという、その防衛の理念ないし根拠は、なんであろうか。守護国界という言葉があるが、国境エゴイズムを消去する世界秩序のための人類機関が、創設される日はいつであろうか。

クラウゼヴィッツの『戦争論』は、国家理性そのもののラディカルな批判を含んではいなかった。あの「教育勅語」の「一旦緩急アレハ義勇公ニ奉シ」は、いかがであろう。中世フランスのシャンソン・ド・ジェスト（武勲詩）の基調は、「邪はそれ敵にありて、味方はつねに正し」であった。

相手のはたらきに付け入って、向こうの太刀にとりつき、我を斬ろうとする刀をこちらへもぎとり、かえって相手を斬る刀とする、というのは、たたかいという既成事実の地平でのことであって、立ち上がりそのもの、立ち合いそのものの根拠・道理についての端緒の点検という仕事は、問題の外にある。しかし正剣か邪剣かをきめる規準は、この道理のほかにはないはずだ。この道理が点検に堪えないのであるなら、果たし合いの奔放は、魔的奔放でしかない。禅は諸道に通ずる、諸道の根源であるといわれる場合、そこには根源のもつ批判力がなくてはならぬ。既成の諸道に、形而上的な「荘厳《しょうごん》」を添えるだけのものではないはずである。沢庵の『安心法門』にみる後醍醐天皇と大燈国師との殺生と無心とのかかわりの論理を、この場合、再点検する必要がある。戦争は殺人と宗教的安心との統合の論理を必要とする。この「必要」が問題である。自分自身の死の問題はここで問わないとして。

『弓道における禅』（一九四八年）の著者オイゲン・ヘリゲル（Eugen Herrigel）は、沢庵の剣禅思想にふれながら、こう書いている。

> 彼（弓道者）はただ相手からのみならず、自己自身からも離脱するところまで達しなければならぬ。彼は依然その中に止まっている段階を、通り抜けて行かねばならぬ。これを終局的に自己の後《しり》えにせねばならぬ。自分が挫折するかもしれぬという危険をおかしても。
>
> 剣道の完成は、沢庵にしたがえば、つぎの点にある。すなわち、どのような考えも、吾と汝、敵とその剣、自身の剣とその使い方についての、どのような思いも、生死の思いすらも、心を煩らわさない点に。「それ故一切は空である。汝自身もきらめく剣やこれを使う腕も。否、空の思いすらも、そこにはない。かような絶対空の中から、行為のすばらしい展開がわき出るのだ」と沢庵は結論している。（稲富・上田氏訳『弓と禅』による。多少語法をかえた）

ヘリゲルが的に的中させた時でも、ほめられない射があり、的からはずれた矢でも、先生が注目に値すると見たものが少なくなかった。的に心を住《とど》めないとともに、自己からも出離しなければならぬ。正しい射が正しい瞬間に起こらぬのは、あなたがあなた自身から離れないからだ、といわれた。百発百中は凡射であり、百発成功こそ聖射である、というのが、阿波師範の弓道であった。柳生宗矩の道が無刀流であったことの意義は、まことに深い。

沢庵が配流された出羽国上ノ山の城主土岐山城守頼行は、すぐれた槍術者であったが、沢庵から槍術の極意を授かり、槍術の一派「自得記流」を開いた。その『自得記』の後序に沢庵がのべた言葉に、「我空、人空、剣空。右三空一心観、百戦百勝之功在㆓于此㆒者也」というのがある。百戦百勝は百戦成功の意味であろうか。

剣術が剣道に深められたように、銃道、砲道、航空機道がなりたつであろうか。むかし禅に参究していた一教授が、私にいわれた。禅は過去にこだわらず、未来にひかれず、絶対現在において事《じ》切り場《ば》切りの三昧を行ずる。神速果敢な転身を必要とする軍用機パイロットは、禅的修練から得るところ大であろうと。しかしそうした変わり身の速さは、敵、味方双方に通ずる没価値的な技術の地平での神速であり、戦争そのものを未発のところで点検する知恵ではない。

『太阿記』の「天地未分、陰陽不到の処に徹して」というのは、「兵法」の地平の沙汰ではない。したがって「無師の智を得、無作の妙用を発《おこ》す。正《まさに》与《そ》麼の時、只、尋常の中を出でず。而も尋常の外に超出す。之を名づけて「太阿」と曰《い》う」（太阿は、古代中国における名剣の名）とされる場合、この太阿は、いわゆる名刀正宗のたぐいではない。

ここで注目されるのは、太阿＝不動智において、尋常の中と尋常の外とが統合されていることだ。沢庵は『神妙録』のなかで器楽の例をあげ、壱越《いちこつ》、断金《たんぎん》などの音階が、最後の「上無《かみむ》」に至って、最初の「壱越」と隣り合わせになり、「づ、と高きと、づ、と低きは似たるものにな」るという。禅居士蘇東坡《そとうば》（一〇三六～一一〇一）の「到り得、帰り来れば別事無し」というところである。

この無別事の世界では、二十数年前、水爆実験の行われたビキニ諸島が、高度放射能のため、再び無人島化されるといい、そして一九七八年一月末現在、原子炉衛星を含めて四千五百個の人工衛星が宇宙にあるという。「われわれに要るものは、銀河を包む透明な意志、巨大な力と熱である」といった宮沢賢治は、「人類全体幸福にならないうちは、個人の幸福はあり得ない」という。われわれの痛みは、宇宙的である。一九七八年四月三日、時の政府は参院に提出した「核兵器の保有に関する憲法第九条の解釈についての補足説明」の中で、「純法理論的には、現行憲法のもとでも核兵器は持てる」と明言した。「兵戈《ひょうが》（武器、戦争）用うること無し」は弥陀仏の誓願である。戈《ほこ》を止める意味をもつ文字「武」は、自己否定を含む。「兵は不祥の器《うつわ》なり」としたのは、『老子道徳経』であった。「最も立派な武器は、最もめでたくない武器であって、君子の用いる器《うつわ》ではない。やむを得ず使わねばならぬならば、あっさり使うのを最上とする。もしその勝利を飾って、凱旋しむことになる。人を殺すことを楽しむ者が、その志を天下に遂げる道はない」(諸橋轍次氏現代語訳からの要約)。「一剣、天下を平らぐ」という言葉で終わる『太阿記』は、しかしながら、『不動智神妙録』のように、剣をもってたち上がったときの、太刀さばきにかかるものではない。冒頭の一節がこの書の面目を示している。『太阿記』は兵法のかたちをとりながら、兵法をこえた、人間の根源的主体へのいざないの書である。『不動智神妙録』が、柳生父子の生きざまに対する、きびしい忠告で終わっていることは、決して付録的な事柄でないことを反省したい。それは個人道徳から政治倫理にまで及んでいた。

柳生宗矩が受けた『神妙録』は当然のことながら、たたかいの哲理であった(山鹿素行の兵法書にも非戦の思想がみられる)。しかし不動智が仏智に属するかぎり、それは物騒な一殺多生、殺人刀即活人剣というふうに展開するほかに、不殺生の根本精神から、「兵は不祥の器」という非戦平和の哲学を生まぬはずはなかろう。その事例を、禅宗史のなかに見たいものである。

付記　『太阿記』の成立事情は不明である。沢庵は『東海夜話』の中で、日常の一挙一動が「全体作用」でなければならぬ、と説いている。一挙一動を全体作用にし、枝末三昧を王三昧に転ずるものは何か。王三昧は戦争(たとえば満州事変)の正邪をどうして判定するか、ただし、武道は個人のことであり、戦争は国家のことである。

終わりに、沢庵の主な述作と参考文献を掲げる。
『沢庵和尚全集』全六巻に収められている述作のうち、主なもの。
一、明暗雙雙集（十巻）
龍宝山住山法語、偈頌、理気差別論。（全集第一巻）
一、万松語録（四巻）
第一巻に「方便」に関する沢庵の発想が注目される。

碧巌九十偈。安心法門。泉南寓居記。理気差別論（実理学之捷径）。詠歌大概音義（歌学を烏丸光広・広中に学ぶ。関白近衛信尹《のぶただ》のために述べたもの。歌学者に重視された）。（全集第二巻）
一、東海百首。庵百首。夢百首。梅花百首。山姥五十首和歌。茶具詩歌。謫居千首。ほか紀行文。（全集第三巻）
一、書簡集
禅について述べたものは極めて少ない。生野の銀山がもてはやされるようになって、贅沢の風潮が広がったのは、歎かわしい。飢饉には餓死者数百というのに、米作りをやめて煙草栽培に切りかえたのは、残念、方針を改め、煙草をやめよ。鷹匠が失態により切腹になるところを、沢庵が歎くだろうとて、家老に中止させた報告など。（全集第四巻）

一、不動智神妙録。太阿記。玲瓏集。結縄集。医説。(全集第五巻)
一、東海和尚紀年録。万松祖録。(全集第六巻)

〈参考文献〉

『沢庵禅師之研究』西義雄編
『沢庵』伊藤康安
『沢庵和尚の人と思想』伊藤康安
『沢庵』松田奉行
『沢庵和尚と一絲国師』松田奉行
『沢庵・不動智神妙録』池田諭
『沢庵禅師と不動智神妙録』大森曹玄
『剣と禅』大森曹玄
『禅宗仮名法語』古田紹欽
『日本哲学思想全書(九)仏教篇』三枝・清水編
『日本哲学思想全書(一五)武術兵法論篇』三枝・清水編
『少室逸書』鈴木大拙
『禅思想史研究 第二』鈴木大拙

『禅の思想』鈴木大拙
『日本仏教史Ⅲ』圭室諦成監
『日本仏教史（八）』辻善之助
『武家時代と禅僧』辻善之助
『日本文化史（江戸時代上）』辻善之助
『日本文化史』家永三郎
『日本宗教思想史』三枝・鳥井
『徳川思想史研究』田原嗣郎
『日本政治思想史研究』丸山眞男
『日本人の心の歴史』唐木順三
『朱子・王陽明（世界の名著）』荒木見悟
『朱子学と陽明学』島田虔次
『朱子』市川安司
『朱子の自然学』山田慶児
『延宝伝灯録第三十三巻』『本朝高僧伝第四十四巻』

凡例

一、三作品とも、原文、現代語訳、注の順に掲載した。

一、原文の底本はすべて沢庵和尚全集刊行会の『沢庵和尚全集』（昭和五年）を用い、明らかに誤りと思われる字句は正したが、仮名遣いなどは原文通りとした。

一、『不動智神妙録』『太阿記』には諸本あり、写本の際の誤読と思われる箇所には〔　〕内に補足を付した。

一、漢字は、当用漢字は新字体を、その他のものは、現行の一般的なものを使用した。

一、現代語訳を行うにあたっては、原文の意義を損なわない限り、現代の日常生活語をも取り入れて平易に心がけた。

一、現代語訳の字句で難解と思われるもの、引用、背景のあるもの等には番号を付し、注釈を施した。

不動智神妙録

無明住地煩悩

無明とは、明になしと申す文字にて候。迷を申し候。住地とは、止る位と申す文字にて候。仏法修行に、五十二位と申す事の候。その五十二位の内に、物毎に心の止る所を、住地と申し候。住は止ると申す義理にて候。止ると申すは、何事に付ても其事に心を止るを申し候。貴殿の兵法にて申し候は、向ふより切太刀を一目見て、其儘にそこにて合はんと思へは、向ふの太刀に其儘に心か止りて、手前の働か抜け候て、向ふの人にきられ候。是れを止ると申し候。打太刀を見る事は見れども、そこに心をとめず、向ふの打太刀に拍子合せて、打たうとも思はず、思案分別を残さず、振上る太刀を見るや否や、心を卒度止めず、其まゝ付入て、向ふの太刀にとりつかは、我をきらんとする刀を、我か方へもぎとりて、却て向ふを切る刀となるべく候。禅宗には是を還把㆓鎗頭㆒倒刺㆑人来ると申し候。鎗はほこにて候。人の持ちたる刀を我か方へもぎ取りて、還て相手を切ると申す心に候。貴殿の無刀と仰せられ候事にて候。向ふから打つとも、吾から討つとも、打つ人にも打つ太刀にも、程にも拍子にも、卒度も心を止めれば、手前の働は皆抜け候て、人にきられ可㆑申候。敵に我身を置けば、敵に心をとられ候間、我身にも心を置くべからず。我か身に心を引きしめて置くも、初心の間、習入り候時の事なるべし。太刀に心をとられ候。拍子合に心を置けば、拍子合に心をとられ候。我太刀に心を置けば、我太刀に心をとられ候。

これ皆心のとまりて、手前抜殻になり申し候。貴殿御覚え可レ有候。仏法と引当て申すにて候。仏法には、此止る心を迷と申し候。故に無明住地煩悩と申すことにて候。

【現代語訳】

無明住地煩悩《むみょうじゅうちぼんのう》(1)

無明とは、文字通りに明らかでないということです。智慧に暗くて迷うことです。住地とは止《とど》まる境地です。仏法修行の段階に五十二位ということがあります。その五十二位のうちに、何につけても心がとらわれるところを住地といいます。住とは止まるという意味です。止まるとは、何事についてもそれにとらわれることです。

あなたの兵法にあてはめていえば、向こうから切りかかってくる太刀を一目見て、そのままそこに太刀を合わせようと思えば、相手の太刀に心が(2)止まって、こちらの働きがお留守になり、向こうから切られるのです。これを心が止まると申します。打ってくる太刀を見ることは見ても、それに心をとめず、相手の打ってくる太刀の拍子に合わせて、こちらから打とうとも思わず、思案分別を止めず、振り上げる太刀を見るや否や、それに少しもとらわれず、そのまま付け入って相手の太刀にとりつくなら、切りこんでくる太刀をこちらへもぎとって、逆に相手を切る刀となるのです。

禅宗ではこれを「還《かえ》って鎗頭《そうとう》を把《と》って倒《さか》さまに人を刺し来る」(3)といいます。鎗は戈《ほこ》です。相手の刀をこちらへもぎ取り、逆に相手を切るという意味です。あなたのいわれる無刀流の無刀(4)がそれです。

向こうから打ってこようが、こちらから打っていこうが、打つ人にも打つ太刀にも、間《ま》にも拍子にも、少しでも心を止めたら、こちらの働きが抜けて、相手に切られるでしょう。敵の前に我が身を意識すれば、敵にも心をとられるゆえ、我が身にも心を止めてはなりませぬ。我が身に心を引きしめておくのは、初心(5)の頃、修行を始めたばかりの時のことです。我が身を引きしめておこうとすると自分の太刀に心をとられます。拍子合《ひょうしあい》(6)に心を置けば、拍子合に心をとられます。自分の太刀に心を置けば、その太刀に心をとられます。要するに何かに心が止まって、こちらが抜け殻になるのです。あなたにも、その経験はおありでしょう。これを仏法にあてはめて申すのです。仏法ではこの止まる心を迷いといい、無明住地煩悩というのです。

（1）**無明住地煩悩**　派生的な枝末煩悩・枝末無明を生む根本煩悩・根本無名、すなわち生死流転（輪廻）の根本となる無明。般若（さとりの智慧）に暗い根本の無知。「住地」の「住」は無数の煩悩のよりどころの意味、「地」とは無数の煩悩を生むはたらきを、万物を生みだす大地にたとえた言葉。無明住地煩悩は、『勝鬘経《しょうまんぎょう》』に説く、五住地惑の無明住地惑のこと。

(2) **心が止まる** 何かのもの(対象)に心がひかれる、とらわれる。『不動智神妙録』が一貫していましめる執着。

(3) **還って鎗頭を把って…** 『碧巌録』第四十六則、鏡清雨滴声の本則の著語。ただしこの場合は愚弄を秘めた称賛。なお「鎗」と「戈」とは厳密には同じではない。

(4) **無刀** 刀を身につけていないこと。丸腰。「なんぢはむたうなり。それがしばかりかたなをさいた」(虎清本狂言・鈍根草)。刀に心をとどめないこと。「我空。人空。剣空。右三空一心観、百戦百勝之功、此に在るものなり」(『沢庵和尚全集』雑纂)。

(5) **初心** 稽古修行を始めた心境。

(6) **拍子合** 打ちこむ瞬間の拍子ぐあい。

諸仏不動智

と申す事。不動とは、うごかずといふ文字にて候。智は智慧の智にて候。不動と申し候ても、石か木かのやうに、無性なる義理にてはなく候。向ふへも、左へも、右へも、十方八方へ、心は動き度きやうに動きながら、卒度も止らぬ心を、不動智と申し候。不動明王と申して、右の手に剣を握り、左の手に縄を取りて、歯を喰出し、目を怒らし、仏法を妨けん悪魔を、降伏せんとて突立て居られ候姿も、あの様なるが、何国の世界にもかくれて居られ候にてはなし。容をば、仏法守護の形につくり、体をば、この不動智を体として、衆生に見せたるにて候。一向の凡夫は、怖れをなして仏法に仇をなさじと思ひ、悟に近き人は、不動智を表したる所を悟りて、一切の迷を晴らし、即ち不動智を明めて、此身則ち不動明王程に、此心法をよく執行したる人は、悪魔もいやまさぬぞと、知らせん為めの不動明王にて候。然れば不動明王と申すも、人の一心の動かぬ所を申し候。又身を動転せぬことにて候。動転せぬとは、物毎に留らぬ事にて候。物一目見て、其心を止めぬを不動と申し候。なぜなれば、物に心が止り候へば、いろ〳〵の分別か胸に候間、胸のうちにいろ〳〵に動き候。止れは止る心は動きても動かぬにて候。譬へば十人して一太刀づゝ我へ太刀を入るゝも、一太刀を受流して、跡に心を止めず、跡を捨て跡を拾ひ〔捨《すて》〕候はゞ、十人ながら働を欠かさぬにて候。十人十度心は働けども、一人にも心を止めずば、次第に取合ひて働は欠け申間敷候。若し又一人の前に心が止り候はゞ、一人の打太刀をば受流すべけれども、二人めの時は、手前の働抜け可レ申候。千手観音とて手が千御入り候はゞ、弓を取る手に心が止らば、九百九十九の手は皆用に立ち申す間敷。一所に心を止めぬにより、手が皆用に立つなり。観音とて身一つに千の手が何しに可レ有候。不動智が開け候へば、身に手が千有りても、皆用に立つと云ふ事を、人に示さんが為めに、作りたる容にて候。仮令一本の木に向ふて、其内の赤き葉一つを見て居れば、残りの葉は見えぬなり。葉ひとつに目をかけずして、一本の木に何心もなく打ち向ひ候へば、数多の葉残らず目に見え候。葉一つに心をとられ候はゞ、残りの葉は見えず。一つに心を止めねば、百千の葉みな見え申し候。是を得心したる人は、即ち千手千眼の観音にて候。然るを一向の凡夫は、唯一筋に、身一つに千の手、千の眼が御座して難レ有と信じ候。又なまものじりなる人は、身一つに千の眼が、何しにあるらん、虚言よ、と破り譏る也。今少し能く知れば、凡夫の信ずるにても破るにてもなく、道理の上にて尊信し、仏法はよく一物にして其理を顕す事にて候。諸道ともに斯様のものにて候。神道は別して其道と見及び候。有の儘に思ふも凡夫、又打破れば猶悪し。其内に道理有る事にて候。此道、彼道さま〴〵に候へども、極所は落着候。扨初心の地より修行して不動智の位に至れば、立帰て住地の初心の位へ落つべき子細御入り候。貴殿の兵法にて可レ申候。初心は身に持つ太刀の構も何も知らぬものなれば、身に心の止る事もなし。人が打ち候へは、つひ取合ふばかりにて、何の心もなし。然る処にさま〴〵の事を習ひ、身に持つ太刀の取様、心の置所、いろ〳〵の事を教へぬれは、色々の処に心が止り、人を打たんとすれば、兎や角して殊の外不自由なる事、日を重ね年月をかさね、稽古をするに従ひ、後は身の構も太刀の取様も、皆心のなくなりて、唯最初の、何もしらず習はぬ時の、心の様になる也。是れ初と終と同じやうになる心持にて、一から十までかぞへまはせば、一と十と隣になり申し候。調子なども、一の初の低き一をかぞへて上無と申す高き調子へ行き候へば、一の下と一の上とは隣りに候。

一、壱越。二、断金。

三、平調。四、勝絶。
五、下無。六、双調。
七、鳧鐘。八、つくせき。
九、蛮（打けい）
十、盤渉。十一、神仙。
十二、上無。

づゝと高きと、づゝと低きは似たるものになり申し候。仏法も、づゝとたけ候へは、仏とも法とも知らぬ人のやうに、人の見なす程の、飾も何もなくなるものにて候。故に初の住地の、無明と煩悩と、後の不動智とが一つに成りて、智慧働の分は失せて、無心無念の位に落着申し候。至極の位に至り候へば、手足身が覚え候て、心は一切入らぬ位になる物にて候。鎌倉の仏国国師の歌にも、「心ありてもるとなけれど小山田に、いたづらならぬかゝしなりけり」。皆此歌の如くにて候。山田のかゝしとて、人形を作りて弓矢を持せておく也。鳥獣は是を見て逃る也。此人形に一切心なけれども、鹿がおぢてにぐれば、用がかなふ程に、いたづらならぬ也。万の道に至り至る人の所作のたとへ也。手足身の働斗にて、心がそつともとゝまらずして、心がいづくに有るともしれずして、無念無心にて山田のかかしの位にゆくものなり。一向の愚痴の凡夫は、初から智慧なき程に、万に出ぬなり。又づゝとたけ至りたる智慧は、早深き処へ入るによりて一切出ぬなり。また物知りなるによって、智慧が頭へ出で申し候て、をかしく候。今時分の出家の作法ども、嘸《さぞ》をかしく可ニ思召一候。御恥かしく候。

【現代語訳】

諸仏不動智(7)

諸仏の不動智ということがあります。不動とは文字通り動かぬということ、智は智慧の智です。動かぬといっても、石や木のように、全く動かぬという意味ではありません。前後左右、四方八方へ心は自由に動きながら、いささかもとらわれぬのが不動智です。

不動明王(8)というのは、右手に剣を握り、左手に縄を持ち、歯をむき出し、眼《まなこ》をいからして、仏法を妨げる悪魔を、降伏《こうぶく》させようと突っ立っておられます。あの姿は、どこの国でも見られるものであり、その姿を仏法守護のかたちにつくり、この不動智を体現したものとして、人々に示しておられるのです。何もしらぬ凡夫は、これに恐れをなして、仏法に仇《あだ》をすまいと思い、悟りに近い人は、そこに不動智の表現を知り、一切の迷いを去り、すなわち不動智を明らめて、この身が不動明王ほどに不動智の心法を体現するならば、もはや悪魔は存在しないのだ、と知らせるための、不動明王です。それゆえ不動明王といっても、実は一心の動かぬところをさしたもの、身がぐらつかないことです。ぐらつかないとは、心が物事に止まらぬことです。物を一目見て、それに心を止めないことを、不動と申します。

なぜかなら、物に心が止まると、いろいろの分別心が胸にわき、いろいろ胸のうちに動くのです。心が止まれば、止まる心は、動いているようで、自由自在に動かぬのです。

たとえば、十人が一太刀ずつ切り込んできても、その一太刀一太刀を受け流して、跡(9)に心を止めず、次々と跡を捨て跡を拾う(10)ならば、十人すべてに働きを欠かぬことになります。十人に十度心が働いても、どの一人にも心を止めなければ、次々に応じても、働きは欠けますまい。もし、一人の前に心が止まるならば、その一人の太刀は受け流すことはできても、二人目の時は、こちらの働きが抜けるのです。

千手観音(11)に千本手があることを考えますと、弓を取るその手にとらわれるならば、他の九百九十九の手は用にたちますまい。一つの所に心を止めないからこそ、千本の手が用にたつのです。いかに観音菩薩とはいえ、身一つにどうして千本の手を持っておられるのか。それは、不動智さえひらけたならば、手が千本あってもみな用にたつことを人々に示そうとして作られた姿です。

たとえば、一本の木に向かって、そのうちの赤い葉一つだけを見ておれば、残りの葉は目に入らぬものです。一つの葉に目をとられず、一本の木に無心に向かうなら、数多くの葉も残らず目に見えるものです。

一枚の葉に心をとられると、残りの葉は見えず、一つに心を止めなければ、百千の葉がみな見えるのです。このことを得心した人は、すなわち千手千眼《せんじゆせんげん》の観音にほかなりません。

それなのに、何も知らぬ凡夫は、ただ単純に、身一つに千の手、千の眼がおありだからありがたいと信じます。また生半可《なまはんか》な物知りは、身一つに千の眼がどうしてあるのか、嘘《うそ》だといって非難攻撃します。今少しわけを知るならば、ただありがたいと信ずるのでなく、攻撃するのでもなく、道理の上で尊信し、仏法が一物をもって根本の理をあらわすことを納得します。およそ諸道ともにこのようであり、特に神道ではそうだとみております。外観だけを信ずる凡人も問題ですが、むやみに攻撃するのはなおよろしくありませぬ。千眼には道理があるのです。此の道、彼の道と、道はさまざまですが、結局、落ち着く所は同じです。

さて、初心の段階から修行して、不動智の位に至ったならば、もう一度初心の止まる所へ戻るという道理があります。あなたの兵法で申しあげると、初心の時は刀を持つのに太刀をどう構えてよいかもわからぬのだから、身のどこにも、心が止まることがない。相手が打ちこんできたら、思わず取り合うばかりで、何の考えもない。ところがさまざまのことを習いおぼえて、太刀の取りよう、心の置き所など、いろいろ教えられると、そのいろいろのところに心が止まり、相手を打とうとすると、あれやこれやと意外に不自由になる。それを日を重ね年月をかけて、稽古を積むにしたがい、身の構えにも太刀の取りようにも、みな心がかからなくなり、ただ初心の何も知らず習わぬ時の心のようになる、これは初めと終わりとが同じような心持ちになったことで、一から十まで数えていって、またもとへ戻ると、一と十とが隣り合わせになるようなものです。

音楽の調子（十二律）(13)でいえば、初めの低い壱越《いちこつ》(14)から、しだいに上げていって、上無《かみむ》(15)という最高音にいけば、もとへ戻って、初めの一と終わりの一とは隣り合わせになります。一、壱越《いちこつ》。二、断金《たんぎん》。三、平調《ひょうじょう》。四、勝絶《しょうぜつ》。五、下無《しもむ》(16)。六、双調《そうじょう》。七、鳧鐘《ふしょう》。八、つくせき（黄鐘《おうしき》）。九、蛮《ばん》（打《だ》けい）。十、盤渉《ばんしき》。十一、神仙《しんせん》。十二、上無《かみむ》。

ずっと高いのと、ずっと低いのとは、似たものになります。仏法でもずっときわめてゆくと、仏も法も知らぬ人のように、目だつような飾りも何もなくなるものです。それゆえ初めの心の止まる所である無明煩悩と後の不動智とが一つになり、浅智慧の働く余地がなくなり、無心無念の所に落ち着きます。究極の所になりますと、手足がひとりでに動いて、心をまったく煩わさない境地になるものです。

鎌倉の仏国国師(17)の歌にも、「心ありてもるとなけれど小山田に、いたづらならぬかゝしなりけり」というのがあります。すべてこの歌の通りです。山田のかかしは、作物を守ろうと考えているわけではないが、弓矢を持った人形を立てておけば、鳥、けだものは、それを見て逃げるのです。人形に心はないけれども、鳥、けだものがおそれて逃げる以上、役立たずではない。どのような道であれ、その究極に達した人の所作にたとえたのです。

身体のどこを動かしても、心はどこにも止まらず、どこにあるとも知れず、無念無心、かかしのようになれるものです。

道理に暗い者は、全く智慧がないのだから出るわけがないが、ずっと高くきわめられた智慧は、すでに深い処へ達しているので、全く現れることがありません。生半可な物知りのために、智慧が頭を出しておかしいことになります。今時の出家の作法にも、わざとらしいところがあって、さぞおかしく思われるでしょう。恥ずかしいことです。

(7) **不動智** 無明・煩悩のために動揺しない心。

(8) **不動明王** 大日如来に代わって、修行者をまもる仏法守護の善神(五大明王・八大明王)の主神。禅宗では真言密教などの見方とちがい、衆生の本性、人間の根本主体を意味する。沢庵の見地もこれである。

(9) **跡** 所作、行動のすがたかたち。

(10) **跡を捨て跡を拾う** 一つ一つ受け流す。

(11) **千手観音** 千手千眼観音ともいう。千は広大無辺の意味。我が国では奈良時代から信仰され、唐招提寺金堂の木彫立像は、実際に千手を持つ。多くの手の眼に限りない慈悲をあらわす観音。観音菩薩も不動明王と同じく、禅宗では禅的・主体的にとりあつかう。「大悲千手眼、那箇《なこ》か是れ正眼」(大慈悲の千手千眼観音のどれが本当の眼ですか)(『臨済録』)。

(12) **尊信** たっとんで信頼し信仰する。

(13) 十二律　中国および我が国で用いる十二音の楽律。我が国の音律名は中国のそれと異なる。
(14) 壱越　音楽十二律の第一音。楽律の基本をなし、九寸律管の出す音。
(15) 上無　壱越より十一律すなわち五音半だけ高い音。
(16) 下無　壱越より四律高い音。
(17) 仏国国師　一二四一〜一三一六。臨済宗。栃木県那須野、雲巌寺開山、高峰顕日《こうほうけんにち》。後嵯峨天皇の皇子。東福寺の聖一国師円爾《えんに》弁円のもとで出家し、円覚寺の無学祖元の法を嗣ぐ。仏国応供広済国師。夢窓疎石の師。

理之修行、事之修行

と申す事の候。理とは右に申上候如く、至りては何も取あはず、唯一心の捨やうにて候。段々右に書付け候如くにて候。然れども、事の修行を不レ仕候えば、道理ばかり胸に有りて、身も手も不レ働候。事之修行と申し候は、貴殿の兵法にてなれは、身構の五箇に一字〔五箇三学〕の、さま〴〵の習事にて候。理を知りても、事の自由に働かねばならず候。身に持つ太刀の取まはし能く候ても、理の極り候所の闇《くら》く候ては、相成間敷候。事理の二つは、車の輪の如くなるべく候。

【現代語訳】

理之修行、事之修行

理《り》(18)の修行、事《じ》(19)の修行ということがあります。理とは右に申したように、究めつくしたら、何にもとらわれず、無心になる道です。それの次第は、右に書いた通りです。しかしさらに事の修行をしなくては、道理ばかりが胸の中にあって、身も手も自由に働きません。事の修行というのは、あなたの兵法でいえば、身構えの五つを、絶対の一に帰するものとして、さまざまに習うことです。道理を知っても、それが実際の上に自由に働かなくてはなりません。身のこなしや太刀の扱いがよくても、理の極まる所に暗くてはなりませぬ。理の修行、事の修行の二つは、車の両輪のようでなくてはなりません。

(18) **理**　根本の真理。事実・現象を、事実・現象たらしめているもの。

(19) **事**　現れている現象・事柄。具体的な差別のすがた。

間不レ容レ髪

と申す事の候。貴殿の兵法にたとへて可レ申候。間とは、物を二つかさね合ふたる間へは、髪筋も入らぬと申す義にて候。たとへば手をはたと打つに、其儘はつしと声が出で候。打つ手の間へ、髪筋の入程の間もなく声が出で候。手を打つて後に、声が思案して間を置いて出で申すにては無く候。打つと其儘、音が出で候。人の打ち申したる太刀に心が止り候えば、間が出来候。其間に手前の働が抜け候。向ふの打つ太刀と、我働との間へは、髪筋も入らず候程ならば、人の太刀は我太刀たるべく候。禅の問答には、此心ある事にて候。仏法にては、此止りて物に心の残ることを嫌ひ申し候。故に止るを煩悩と申し候。たてきつたる早川へも、玉を流す様に乗つて、どつと流れて少しも止る心なきを尊び候。

【現代語訳】

間、髪を容れず

間《かん》、髪《はつ》を容《い》れず(20)、ということがあります。あなたの兵法にたとえて申しましょう。間とは物が二つ重なり合った間に、髪一筋の入る隙《すき》もないということです。たとえば両手をハタと打ち合わせる瞬間に、ハッシと音が出る。打つ手と出る声の間には、髪一筋も入る隙がないということです。手を打って後に声が思案して、それから出てくるのではありません。打つと同時に音が出るのです。

相手が打ってくる太刀にとらわれるならば、隙ができ、その隙にこちらの間《ま》が抜けるのです。相手の打ってくる太刀と、こちらの働きとの間に、髪一筋も入らぬようならば、相手の太刀は我が太刀となって切りこむことができるのです。禅の問答にはこの心が肝心とされます。仏法では、とらわれて物に心が残ることをきらいます。それゆえ、この止まる心を煩悩といいます。急流へ玉を流す[21]ように、それに乗ってどっと流れて、少しも止まらぬ心を大切とします。

(20) 間、髪を容れず　一筋の髪を容れるほどの隙間もないこと。きわめて急なたとえ。「其の出づると出でざると、間、髪を容れず」(『説苑』)。

(21) 急流へ玉を…　八九頁参照。

石火之機

と申す事の候。是も前の心持にて候。石をハタと打つや否や、光が出で、打つと其まゝ出る火なれば、間も透間もなき事にて候。是も心の止るべき間のなき事を申し候。早き事とばかり心得候へば、悪敷候。心を物に止め間敷と云ふが詮にて候。早きにも心の止らぬ所を詮に申し候。心が止れば、我心を人にとられ申し候。早くせんと思ひ設けて早くせば、思ひ設ける心に、又心を奪はれ候。西行の歌集に「世をいとふ人とし聞けはかりの宿に、心止むなと思ふはかりぞ」と申す歌は、江口の遊女のよみし歌なり。心とむなと思ふはかりぞと云ふ下句の引合せは、兵法の至極に当り可レ申候。心をとどめぬが肝要にて候。禅宗にて、如何是仏と問ひ候はゞ、拳をさしあぐべし。如何か仏法の極意と問はゞ、其声未だ絶たざるに、一枝の梅花となりとも、庭前の柏樹子となりとも答ふべし。其答話の善悪を撰ぶにてはなし。止らぬ心を尊ぶなり。止まらぬ心は、色にも香にも移らぬ也。此移らぬ心の体を神とも祝ひ、仏とも尊び、禅心とも、極意とも、申候へども、思案して後に云ひ出し候へば、金言妙句にても、住地煩悩にて候。石火の機と申すも、ひかりとする電光のはやきを申し候。たとへば右衛門とよびかくると、あつと答ふるを、不動智と申し候。右衛門と呼びかけられて、何の用にてか有る可きなど、思案して、跡に何の用か抔《など》いふ心は、住地煩悩にて候。止りて物に動かされ、迷はさるゝ心を所住煩悩とて、凡夫にて候。又右衛門と呼ばれて、をつと答ふるは、諸仏智なり。仏と衆生と二つ無く。神と人と二つ無く候。此心の如くなるを、神とも仏とも申し候。神道、歌道、儒道とて、道多く候へども、皆この一心の明なる所を申し候。言葉にて心を講釈したぶんにては、この一心、人と我身にありて、昼夜善事悪事とも、業により、家を離れ国を亡し、其身の程々にしたがひ、善し悪しともに、心の業にて候へども、此心を如何やうなるものぞと、悟り明むる人なく候て、皆心に惑され候。世の中に、心も知らぬ人は可レ有候。能く明め候人は、稀にも有りがたく見及び候。たま〳〵明め知る事も、また行ひ候事成り難く、此一心を能く説くとて、心を明めたるにてはあるまじく候。水の事を講釈致し候とても、口はぬれ不ㇾ申候。火を能く説くとも、口は熱からず。誠の水、誠の火に触れてならでは知れぬもの也。書を講釈したるまでにては、知れ不ㇾ申候。食物をよく説くとても、ひだるき事は直り不ㇾ申候。説く人の分にては知れ申す間敷候。世の中に、仏道も儒道も心を説き候得共、其説く如く、其人の身持なく候心は、明に知らぬ物にて候。人々我身にある一心本来を篤《とく》と極め悟り候はねば不ㇾ明候。又参学をしたる人の心が明かならぬは、参学する人も多く候へども、それにもよらず候。参学したる人、心持皆々悪敷候。此一心の明めやうは、深く工夫の上より出で可ㇾ申候。

【現代語訳】

石火の機

石火の機(22)ということがあります。間、髪を容れずと同じ意味です。石をハタと打つと、瞬間、光が出るが、打った刹那《せつな》に出る火だから、間も、すきまもないことです。これも心を止める間のないことをいいます。単に早いことだと思うのは間違いです。心を物に止めないところが肝心です。早いことにも心が止まらぬことをつきつめていっているのです。

心が止まれば、我が心を人にとられます。早くしようと思い設けて早くすれば、その思い設ける心に、また心を奪われます。

西行《さいぎょう》[23]の歌に、

　世をいとふ人とし聞けはかりの宿に、
　心止むなと思ふはかりぞ

(世の中を厭うている人だと聞くが、しょせん、この世は仮の宿、厭うほどに心を止めてはならない)

とあるのは、江口《えぐち》[24]の遊女の詠んだ歌だといわれます。この歌を自分のことと心得られるのがよろしいではありますまいか。「心止むなと思ふはかりぞ」とある一句は、兵法の要所だと存じます。これに得心されたいものです。

禅宗で「如何なるか是れ仏」と問われて、拳をさしあげてこれに答えた師匠[25]があり、「仏法の極意は」と問われて、その問いの終わるか終わらないかに、「一枝《いっし》の梅花《ばいか》[26]」とか、「庭前の柏樹子《はくじゅし》[27]」とかいいましょう。答えのよしあしをせんさくするのではなく、止まらない心を尊ぶのです。止まらぬ心は、色にも香にも移ることがありません。この移らぬ心の体《たい》を神とうやまい、仏と尊び、禅心とも極意とも申しますが、思案してからいうのでは、金言妙句でも、分別に止まる煩悩です。石火の働きとは、ピカリとする稲妻の早さを申すのです。

たとえば、「右衛門」と呼びかけると、「アッ」と答える石火の働きが不動智です。「右衛門」と呼ばれて、何の用だろうなどと考えて、その分別にたって「何の用です」などというのは、煩悩に止まるものです。止まって物に動かされて迷う心を、煩悩の執《と》われとして凡夫というのです。また、「右衛門」と呼ばれて「オッ」と答える働きは諸仏の智です。そこには仏と衆生の二つはなく、神と人との二つもありませぬ。このような心こそ、神とも仏とも申すのです。神道、歌道、儒道などと道はいろいろありますが、要はこの一心の明らかなところを申すのです。

言葉で心を解説するとなると、この心は誰にでもあって、昼も夜も、善事、悪事とも、業《ごう》によって動き、悪く動けば家を離れ国を亡ぼすというように、その人柄によって、善くも悪くも心の動き次第なのですが、一体、この心はどのようなものかと、つきつめて明らめようとする人はなくて、みな心の動きに惑わされております。世の中には心というものを知らぬ人もありましょう。よくこれを明らめた人もたまにあるものですが、たまたま明らめ知っても、これを我が身に行うことは容易ではありません。この一心をよく説明できるからとて、心をはっきり見きわめたとはいえますまい。水について説明しても、口は濡れず、いくら火を説明しても、口は熱くなりません。水そのもの、火そのものにじかに触れなくては、わかるものではありません。水や火の字を説明したのでは、わかりません。食べ物をうまく説いても、空腹はなおりません。単に説く人の能力だけでわかるものではありません。

世間では、仏法も儒道も心を説いていますが、その説いているように自分の身持ちが一致しているわけではなく、心は見きわめられていないものです。それぞれ我が身にある一心を本当に見きわめるのでなくては、はっきりするものではありません。また仏道を学んでいる人々の心が明らかでないのは、学道の人が多いとはいえ、これは数の問題ではなく、参学した人の心構えが皆よろしくないのです。この一心をどう明らめるかは、深く工夫するところから生まれるのです。

(22) 石火の機　「閃電光撃石火」。機鋒（はたらき）がきわめてすばやいこと。「撃石火の如く閃電光に似たり」（『禅林類聚』六）。
(23) 西行　一一一八～九〇。平安末、鎌倉初期の歌僧。俗名佐藤義清《のりきよ》。鳥羽上皇に仕えた。二十三歳の時、同族藤原憲康の死にあい、無常を感じて出家し、四方を遍歴。家集『山家集』。
(24) 江口　大阪市東淀川区の地名。神崎川が淀川の本流から分かれる所。昔は西海と京都との海路上の河港で、遊女もいて繁昌した。謡曲「江口」で、西行と歌を詠みかわしたとされる遊女妙《たえ》を「江口の君」と呼ぶ。金春禅竹作「江口」。

(25) **拳を…**　「別峰印禅師、因みに円悟に問う、従上の諸聖、何を以てか人を接す。師、拳を竪起《じゅき》す」(『禅門公案大成』)。「趙《じょう》州《しゅう》諗《しん》禅師、因みに一庵主の処に到って問う、「有りや有りや」。主、拳頭を竪起す」(『趙州録』)。

(26) **一枝の梅花**　「一枝の梅花、雪に和して香ばし」(『禅林句集』)。

(27) **庭前の柏樹子**　『無門関』第三十七則、庭前柏樹「趙州因みに僧問う、「如何なるか是れ祖師西来意」。州云く「庭前の柏樹子」」。

心の置所

心を何処に置かうぞ。敵の身の働に心を置けば、敵の身の働に心を取らるゝなり。敵の太刀に心を置けば、敵の太刀に心を取らるゝなり。敵を切らんと思ふ所に心を置けば、敵を切らんと思ふ所に心を取らるゝなり。我太刀に心を置けば、我太刀に心を取らるゝなり。われ切られじと思ふ所に心を置けば、切られじと思ふ所に心を取らるゝなり。人の構に心を置けば、人の構に心を取らるゝなり。兎角心の置所はないと言ふ。或人問ふ、我心を兎角余所へやれば、心の行く所に志を取止めて、敵に負けるほどに、我心を臍の下に押込めて余所にやらずして、敵の働により転化せよと云ふ。尤も左もあるべき事なり。然れども仏法の向上の段より見れば、臍の下に押込めて余所へやらぬと云ふは、段が卑くし、向上にあらず。修行稽古の時の位なり。敬の字の位なり。又は孟子の放心を求めよと云ひたる位なり。上りたる向上の段にてはなし。敬の字の心持なり。放心の事は、別書に記し進じ可レ有二御覧一候。臍の下に押込んで余所へやるまじきとすれば、やるまじと思ふ心に、心を取られて、先の用かけ、殊の外不自由になるなり。或人問ふて云ふは、心を臍の下に押込んで働かぬも、不自由にして用が欠けば、我身の内にして何処にか心を可レ置ぞや。答へて曰く、右の手に置けば、右の手に取られて身の用欠けるなり。心を眼に置けば、眼に取られて、身の用欠け申し候。右の足に心を置けば、右の足に心を取られて、身の用欠けるなり。何処なりとも、一所に心を置けば、余の方の用は皆欠けるなり。然らば則ち心を何処に置くべきぞ。我答へて曰く、何処にも置かねば、我身に一ぱいに行きわたりて、全体に延びひろごりてある程に、手の入る時は、手の用を叶へ、足の入る時は、足の用を叶へ、目の入る時は、目の用を叶へ、其入る所々に行きわたりてある程に、其入る所々の用を叶ふるなり。万一もし一所に定めて心を置くならば、一所に取られて用は欠くべきなり。思案すれば思案に取らるる、程に、思案をも分別をも残さず、心をば総身に捨て置き、所々止めずして、其所々に在て用をば外さず叶ふべし。心を一所に置けば、偏に落ると云ふなり、偏とは一方に片付きたる事を云ふなり。正とは何処へも行き渡つたる事なり。正心とは総身へ心を伸べて、一方へ付かぬを言ふなり。心の一処に片付きて、一方欠けるを偏心と申すなり。偏を嫌ひ申し候。万事にかたまりたるは、偏に落るとて、道に嫌ひ申す事なり。何処に置かうとて、思ひなければ、心は全体に伸びひろごりて行き渡りて有るものなり。心をば何処にも置かずして、敵の働によりて、当座々々、心を其所々にて可レ用心一歟。総身に渡つてあれば、手の入る時には手にある心を遣ふべし。足の入る時には足にある心を遣ふべし。一所に定めて置きたらば、其置きたる所より引出し遣らんとする程に、其処に止りて用が抜け申し候。心を繋ぎ猫のやうにして、余処にやるまいとて、我身に引止めて置けば、我身に心を取らる、なり。身の内に捨て置けば、余処へは行かぬものなり。唯一所に止めぬ工夫、是れ皆修行なり。心をばいつこにもとめぬが、眼なり、肝要なり。いつこにも置かねば、いつこにもあるぞ。心を外へやりたる時も、心を一方に置けば、九方は欠けるなり。心を一方に置かざれば、十方にあるぞ。

【現代語訳】

心の置き所

心をどこに置いたらよろしいか。敵の身の働きに心を置けば、敵の身の働きに心を取られる。敵の太刀に心を置けば、その太刀に心を取られる。敵を切ろうとすることに心を置けば、切ろうとするところに心を取られ、自分の太刀に心を置けば、自分の太刀に心を取られ、切られまいということに置けば、切られまいとするところに心を取られる。相手の構えに心を置けば、その構えに心を取られる。要するに心の置き所はないという。

ある人が、

「自分の心をあれこれ余所《よそ》へやれば、そのやる所にとらわれて相手に負けることになる。我が心を臍《へそ》(28)の下に押し込めて余所へゆかぬようにし、相手の出方に応じて転ずるがよい」

という。

もっともな言い分である。

しかし仏法の向上《さとり》の境地から見ると、臍の下に押し込んで余所にやらぬというのは低い段階で、高い境地ではない。修行稽古の際のもの、敬《つつ》しむという字の心境である。または孟子の、「放心を求めよ(29)」（外へ迷い出た心を尋ね求めよ）といった境位である。さらに高い境地に向かう段階ではない。敬という字の心持ちである。放心(30)のことは別に書いて（後章）、差し上げます、ごらんください。臍の下へ押し込んで余所へやるまいとすれば、やるまいとすることに心を取られ、先への働きが欠けて、ひどく不自由になる。

ある人が、問うていうのに、

「心を臍の下に押し込んで働かないのも、不自由で用にたたぬとすれば、どこに心を置いたらよろしいか」

と。

私は答えた、

「右手に置いたら、右手に心を取られて、働きが自由にならぬ。眼に置いたら眼に取られて働きが欠ける。右足に置いたら、右足に取られて自由がきかぬ。どこか一つ所に心を置けば、ほかの方がお留守になってしまう」

と。

「ではどこに置いたらよろしいか」

「どこにも置かぬことだ。そうすれば心は我が身いっぱいに行きわたり、全体にのびひろがっているゆえ、手のいる時には手の用を、足のいる時には足の用を、目のいる時には目の用をかなえ、必要な所々に行きわたっているので、どこでも必要に応じて、自由な働きをすることができる。万一にも一つ所に定めて置くなら、そこに心を取られて働きが欠ける。置き所を思案すれば、思案にとらわれるゆえ、思案も分別も残さず、全身に心をなげ捨てて、どこにも心を止めず、その所々でズバリ用をかなえるがよい。心を一つ所に置くことを偏《へん》に落ちるという。偏とは一方に片寄ったこと、反対に正《しよう》とはすべてに行きわたったことである。正心とは心を全身に行きわたらせて一方に片寄らぬことをいう。心が一カ所に片寄って他方が欠けるのを偏心という。片寄りを嫌うのである。何事によらず一つ所に固まるのを偏に落ちたものとして、道を修める上で嫌うのである。どこに置こうという思いがなければ、心は全身に伸び伸びと、行きわたっているものだ。心をどこにも止めな

いで、敵の働きに応じて、その場その場に心を使うべきでないか。全身に行きわたってい
れば、手がいる時は、手にある心を使えばよく、足のいる時は、足にある心を使えばよい。
一つ所にきめて置くなら、その置いた所から引き出して使おうとするから、そこにとらわ
れて、働きがぬけるのだ。心をつないだ猫のように、どこへもやるまいと、我が身にひき
とめておくなら、我が身に心を取られることになる。身の内に捨てておけば、余所へゆく
ものではない、ただ一所に止めぬ工夫こそ、修行である。心をどこにも止めないのが眼目
であり肝要である。どこにも置かねば、どこにもあるのだ。心を外に働かす時も心を一方
に置けば、他の九方は欠けるのだ、心を一方に置かなければ、十方に行きわたるのだ」。

(28) **臍の下**　いわゆる臍下《せいか》丹田《たんでん》。丹田は臍の下の下腹部にあたる所。

(29) **放心を求めよ**　「孟子曰く、仁は人の心なり、義は人の路なり。其心を放ちて（本来居るべき所を去らせる）、求むることを知らず。哀しいかな。……学問の道他なし。其放心を求むるのみ」（『孟子』告子上）。

(30) **放心**　外界の事物に心をうばわれて、うっかりすること。

本心妄心

と申す事の候。本心と申すは一所に留らず、全身全体に延びひろごりたる心にて候。妄心は何ぞ思ひつめて一所に固り候心にて、本心が一所に固り集りて、妄心と申すものに成り申し候。本心は失せ候と、所々の用が欠ける程に、失はぬ様にするが専一なり。たとへば本心は水の如く一所に留らず。妄心は氷の如くにて、氷にては手も頭も洗はれ不レ申候。氷を解かして水と為し、何所へも流れるやうにして、手足をも何をも洗ふべし。心一所に固り一事に留り候へば、氷固りて自由に使はれ申さず、氷にて手足の洗はれぬ如くにて候。心を溶かして総身へ水の延びるやうに用ゐ、其所に遣りたきまゝに遣りて使ひ候。是を本心と申し候。

【現代語訳】

本心妄心

本心(31)、妄心(32)ということがあります。本心とは一つ所に止まらず、身体《からだ》全体にのびひろがった心です。妄心とは、何かを思いつめて、一つ所に固まった心で、本心が一つ所に固まり集まると、妄心というものになります。本心が失われると、その場その場の働きが欠けるゆえ、失わぬようつとめるのが肝心です。たとえば本心は水のように流動しており、妄心は氷のようなもので、氷では手も頭も洗えません。氷をとかして水とし、どこへも流れるようにして、手足でも何でも洗うのです。心が一つ所に固まり、一つの事に止まるならば、氷が固まったように自由に使われず、氷で手足が洗えないようなものです。心をとかして、全身へ水がゆきわたるように働かせ、その場その場に自在に働かせる、これを本心といいます。

(31) **本心** 心性、本来の心、自己の本性。
(32) **妄心** 迷いの心、誤った分別心、煩悩心。

有心之心、無心之心

と申す事の候。有心の心と申すは、妄心と同事にて、有心とはあるこゝろと読む文字にて、何事にても一方へ思ひ詰る所なり。心に思ふ事ありて分別思案が生ずる程に、有心の心と申し候。無心の心と申すは、右の本心と同事にて、固り定りたる事なく、分別も思案も何も無き時の心、総身にのびひろごりて、全体に行き渡る心を無心と申す也。どつこにも置かぬ心なり。石か木かのやうにてはなし。留る所なきを無心と申す也。留れば心に物があり、留る所なければ心に何もなし。心に何もなきを無心の心と申し、又は無心無念とも申し候。此無心の心に能くなりぬれば、一事に止らず、一事に欠かず、常に水の湛えたるやうにして、此身に在りて、用の向ふ時出て叶ふなり。一所に定り留りたる心は、自由に働かぬなり。車の輪も堅からぬにより廻るなり。一所につまりたれば廻るまじきなり。心も一時に定れば働かぬものなり。心中に何ぞ思ふ事あれば、人の云ふ事をも聞きながら聞えざるなり、思ふ事に心が止るゆゑなり。心が其思ふ事に在りて一方へかたより、一方へかたよれば、物を聞けども聞えず、見れども見えざるなり。是れ心に物ある故なり。あるとは、思ふ事があるなり。此有る物を去りぬれば、心無心にして、唯用の時ばかり働きて、其用に当る。此心にある物を去らんと思ふ心が、又心中に有る物になる。思はざれば、独り去りて自ら無心となるなり。常に心にかくすれば、何時となく、後は独り其位へ行くなり。急にやらんとすれば、行かぬものなり。古歌に「思はしと思ふも物を思ふなり、思はじとだに思はしやきみ」。

【現代語訳】

有心の心、無心の心

有心《うしん》の心、無心の心というのがあります。有心の心というのは、妄心と同じです。有心とは文字通り有る心と読むのであり、何事につけ一方へ思い止まる所があります。心に思うことがあって、あれこれと分別思案するので、有心の心というのです。無心の心というのは、さきの本心と同じことで、こり固まることがなく、分別も思案も何もない時の心、身体《からだ》全体にのびひろがった心を申すのです。どこにも置かぬ心です。木石のようではない、止まる所のないのを無心というのです。止まれば心に物（対象）があり、止まることがなければ、心に何もない。この何もないのを無心の心といい、または無心無念ともいいます。

この無心が本当に得られると、一つの事に止まらず、一つの事を欠かさず、いつも水をたたえているように、この身にゆきわたっていて、使いたい時すぐにまに合います。一つ所に止まった心は、自由に働きません。車の輪も固定していないから廻るのです。一カ所に固まったのでは廻ることもできません。心もある時点に定着すれば、働かぬのです。何か思いつめることがあると、人のいうことも聞いていながら聞こえません、思う事に心が止まっているからです。心が思う事の一方に片寄り、片寄っているから、聞いて聞こえず、見て見えぬことになります、心に物があるからです。あるとは思うことがあるのです。

この有る物をなくしてしまえば無心となり、必要に応じて役立つのです。この心にあるものを取り去ろうとする心が、また心中に有る物になります。思わなければひとりでに物はなくなり、おのずから無心となります。いつもこのようにしておれば、いつとはなく、ひとりでに無心となります。いつもこのようにすれば、いつしれずその境地へ行きます。

性急に行こうとすれば、行けるものではありません。

古歌に、「思はしと思ふも物を思ふなり、思はじとだに思はしやきみ（思うまいと思うのもまた物を思うのです、思うまいとさえ思われませぬように）」とあります。

水上打二胡蘆子一、捺着即転

胡蘆子を捺着するとは、手を以て押すなり。瓢を水へ投げて押せば、ひよつと脇へ退き、何としても一所に止らぬものなり。至りたる人の心は、卒度も物に止らぬ事なり。水の上の瓢を押すが如くなり。

【現代語訳】

水上打シ二胡蘆子ヲ一、捺着スレバ即チ転ズ(33)

胡蘆子《ころす》を捺着《なつじゃく》するとは、瓢箪《ひょうたん》を手で押すことである。水の流れに瓢箪を投げ、それを押すと、ひょっと脇へ逃げ、どうしても一つ所に止まらぬものである。達人の心は、寸時も物に止まることがない。水の上の瓢箪を押すようなものである。

（33）水上…　水上の瓢箪で、少しも手応えがない。「水上に胡蘆子を推す」（白隠『槐安国語』巻二）。「急水上に毬子《きゆうす》を打《た》す」、急流の上でまりをつくようなもの（『碧巌録』第八十則、趙州《じようしゆう》初生孩子《だす》）。

応無所住而生其心

此文字を読み候へば、おうむしよじうじじやうごしん、と読み候。万の業をするに、せうと思ふ心が生ずれば、其する事に心が止るなり。然る間止る所なくして心を生ずべしとなり。心の生ずる所に生せざれば、手も行かず。行けばそこに止る心を生じて、其事をしながら止る事なきを、諸道の名人と申すなり。此止る心から執着の心起り、輪廻も是れより起り、此止る心、生死のきづなと成り申し候。花紅葉を見て、花紅葉を見る心は生じながら、其所に止らぬを詮と致し候。慈円の歌に「柴の戸に匂はん花もさもあらばあれ、ながめにけりな恨めしの世や」。花は無心に匂ひぬるを、我は心を花にとゞめて、ながめけるよと、身の是れにそみたる心が恨めしと也。見るとも聞くとも、一所に心を止めぬを、至極とする事にて候。敬の字をば、主一無適と註を致し候て、心を一所に定めて、余所へ心をやらず。後に抜いて切るとも、切る方へ心をやらぬが肝要の事にて候。殊に主君抔に御意を承る事、敬の字の心眼たるべし。仏法にも、敬の字の心有り、敬白の鐘とて、鐘を三つ鳴して手を合せ敬白す。先づ仏と唱へ上げる此敬白の心、主一無適、一心不乱、同義にて候。然れども仏法にては、敬の字の心は、至極の所にては無く候。我心をとられ、乱さぬやうにとて、習ひ入る修行稽古の法にて候。此稽古、年月つもりぬれば、心を何方へ追放しやりても、自由なる位に行く事にて候。右の応無所住の位は、向上至極の位にて候。敬の字の心は、心の余所へ行くを引留めて遣るまい、遣れば乱るゝと思ひて、卒度も油断なく心を引きつめて置く位にて候。是は当座、心を散らさぬ一旦の事なり。常に如レ是ありては不自由なる義なり。たとへば雀の子を捕へられ候て、猫の縄を常に引きつめておいて、放さぬ位にて、我心を、猫をつれたるやうにして、不自由にしては、用が心のまゝに成る間敷候。猫によく仕付をして置いて、縄を追放して行度き方へ遣り候て、雀と一つ居ても捕へぬやうにするが、応無所住而生其心の文の心にて候。我心を放捨て猫のやうに打捨て、行度き方へ行きても、心の止らぬやうに心を用ひ候。貴殿の兵法に当て申し候はゞ、太刀を打つ手に心を止めず、一切打つ手を忘れて打つて人を切れ、人に心を置くな。人も空、我も空、打つ手も打つ太刀も空と心得、空に心を取られまひぞ。鎌倉の無学禅師、大唐の乱に捕へられて、切らるゝ時に、電光影裏斬二春風一。といふ偈を作りたれば、太刀をば捨てて走りたると也。無学の心は、太刀をひらりと振上げたるは、稲妻の如く電光のぴかりとする間、何の心も何の念もないぞ。打つ刀も心はなし。切る人も心はなし。切らるゝ我も心はなし。切る人も空、太刀も空、打たるゝ我も空なれば、打つ人も人にあらず。

打つ太刀も太刀にあらず。打たる、我も稲妻のひかりとする内に、春の空を吹く風を切る如くなり。一切止らぬ心なり。風を切つたのは、太刀に覚えもあるまいぞ。かやうに心を忘れ切つて、万の事をするが、上手の位なり。舞を舞へば、手に扇を取り、足を踏む。其手足をよくせむ、舞を能く舞はむと思ひて、忘れきらねば、上手とは申されず候。未だ手足に心止らば、業は皆面白かるまじ。悉皆心を捨てきらずして、する所作は皆悪敷候。

【現代語訳】

応無所住而生其心(34)

この文字はオウムショジュウ、ジジョウゴシンと読みます。何事をするにもしようと思うと、そのすることに心が止まります。だからそこに心を止めずに、しようとする心を起こせ、というのです。しようとする心が起こらなくては、手も動かず、動けば、そこに心が止まる、心を生じてその事をしながら、それに止まることのないのを、その道の名人といいます。この止まる心から執着心が起こり、迷いの世界に輪廻《りんね》するのもこれから始まり、この止まる心が生死の絆《きずな》となるのです。花、紅葉を見て、それを美しいと思いながら、その思いに止まらないのを肝要とします。慈円(35)の歌に、「柴の戸に匂はん花もさもあらばあれ、ながめにけりな恨めしの世や」とあります。柴の戸の近くに花は無心に匂っているのに、自分は花に心を止めて眺めているのだなと、自分が花の匂いにとらわれたのが恨めしい、というのです。見るにも聞くにも、一つ所に心を止めないことを、極意とします。

敬の字を主一無適《しゅいつむてき》(36)と註をするのも、精神を一所に集中して余所へやらぬことであり、そして後、刀を抜いて切るにしても、切ることに心を移さぬのが肝要です。特に、主君などから命を受ける場合、敬の字を心眼とすべきです。仏法にも敬の字の心があり、敬白の鐘といって、鐘を三つ鳴らし、手を合わせて、つつしんで申すのです。まず仏名を唱え上げるこの敬白の心は、主一無適、一心不乱と同じ意味です。

しかしながら、仏法では敬の字の心は、究極とはされておりません。自分の心を集中して乱さないようにと習いつとめる修行稽古の教えです。この稽古の歳月がつもれば、心をどこへ放り出しても、自由の境地に達します。右の応無所住のところは、究極の境地であります。

敬の字の趣意は、心が行こうとするのを引きとめて余所にやるまい、やれば乱れると考え、少しの油断もなく、心を引きしめておく境位です。これはさしずめ心を散らさぬための一時の心がまえです。いつもこのようであっては不自由です。たとえば雀の子を猫にとられたというので、猫に縄をつけていつも引っぱっておけば、猫は雀に馴れることはない。自分の心をそのように猫を引っぱっているようにしていては、不自由で思うままの働きはできますまい。猫をよくしつけておいて、縄をといて行きたい方へやらせて、雀と一緒にいてもとらないようにするのが、「応無所住而生其心《こころ》」の趣旨です。我が心を放って、縄をといた猫のようにほったらかしておいて、行きたい所へ行っても、それに心が止まらぬように心がけるのです。

あなたの兵法にあてていえば、太刀を打つ手に心を止めず、一切打つ手を忘れて、打って人を切れ、人に心を置くな、人も空《くう》、我も空、打つ太刀も空、その空にも心を取られてはならぬ。鎌倉の無学禅師は、(37)かつて中国にあった時、大唐の乱に元兵に捕えられ、まさに斬られようとする時、「電光影裏《でんこうえいり》に春風を斬る」という偈《げ》(38)を詠んだところ、元兵は刀を捨てて逃げたという。禅師の心は、太刀をひらりと振り上げたのは、稲妻がピカッと光る瞬間のこと、そこには何の心も念もない、打つ刀に心はなく、切る人にも切られる我にも心はない、切る人も空《くう》、太刀も空、切られる我も空ゆえに、打つ人も人でなく、打つ太刀も太刀でなく、打たれる我も稲妻のピカリとする間に、空《そら》を吹く春風を切るように、何ものにも止まらぬ心である。風を切ったのでは太刀にも手ごたえはあるまい、かように心を忘れきってすべての事を行うのが上手とする位《くらい》である、舞を舞う時、手に扇を取り足を踏む、その手足をうまく動かし、よい舞を舞おうと思って、心が止まるようでは、上手とは申されません。まだ手足に心が止まっているようでは、所作は見事ではなかろう。心を捨て切らない所作は、皆よくないのです。

(34) **応無所住而生其心**　「まさに住する所なくしてその心を生ぜよ」(『金剛般若経』荘厳浄土分第十)。どこにも心を止めないようにして、心を起こせ。また無住心、非心ともいう。正しい読みくせは、「オウムショジュウニショウゴシン」。

(35) **慈円**　一一五五〜一二二五。平安末期、鎌倉初期の僧。藤原忠通の子。天台座主。家集『拾玉集』、史論『愚管抄』。

(36) **主一無適**　宋学の程明道(一〇三二〜八五)、程伊川(一〇三三〜一一〇七)の兄弟は、修養の要として「誠敬」を説き、「敬」をもって「主一無適」とした。主とは「一を主として適《ゆ》く無し」の意、すなわち外界の刺激にとらわれず、他の誘惑をさけて、心を専一にすること。「人心二用すべからず、一事に用いれば則ち他事便ち入ること能わざるは、事これ主なればなり。事これが本となれば、思慮、紛擾の患なし。敬を主とせば、又なんぞこの患あらんや」。心を一に集中するためには、日常生活を厳粛にしなければならぬといわれ、静坐の必要をも説いた。「学者すべからく恭敬なるべし。但し拘迫(こりかたまる)ならしむべからず。拘迫なれば則ち久しゅうし難し」。コリカタマルナという但し書が注目される。

(37) **無学**　一二二六〜八六。宋の禅僧、無学祖元。無準師範の法を嗣いだ。一二七九年(弘安二)北条時宗の招きにより来朝。建長・円覚の両寺に住した。弟子に高峰《こうほう》顕日・規庵祖円らがある。

(38) **偈**　「乾坤《けんこん》孤筇《こきょう》を卓《た》つる地なし(宇宙間、杖一本たてる余地もない)、喜び得たり人空《にんくう》、法もまた空なることを。珍重する大元三尺の剣、電光影裏に春風を斬る」。偈は仏教の詩。

求放心

と申すは、孟子が申したるにて候。放れたる心を尋ね求めて、我身へ返せと申す心にて候。たとへば、犬猫鶏など放れて余所へ行けば、尋ね求めて我家に返す如く、心は身の主なるを、悪敷道へ行く心が逃げるを、何とて求めて返さぬぞと也。尤も斯くなるべき義なり。然るに又邵康節と云ふものは、心要放と申し候。はらりと替り申し候。斯く申したる心持は、心を執へつめて置いては労れ、猫のやうにて、身が働かれねば、物に心が止らず、染ぬやうに能く使ひなして、捨置いて何所へなりとも追放せと云ふ義なり。物に心が染み止るによつて、染すな止らすな、我身へ求め返せと云ふは、初心稽古の位なり。蓮の泥に染ぬが如くなれ。泥にありても苦しからず。よく磨きたる水晶の玉は、泥の内に入っても染ぬやうに心をなして、行き度き所にやれ。心を引きつめては不自由なるぞ。心を引きしめて置くも、初心の時の事よ。一期其分では、上段は終に取られずして、下段にて果るなり。稽古の時は、孟子が謂ふ求其放心と申す心持能く候。至極の時は、邵康節が心要放と申すにて候。中峰和尚の語に、具放心とあり。此意は即ち、邵康節が心をば放さんことを要せよと云ひたると一つにて、放心を求めよ、引きとゞめて一所に置くなと申す義にて候。又具不退転と云ふ。是も中峰和尚の言葉なり。退転せずに替はらぬ心を持てと云ふ義なり。

人たゞ一度二度は能く行けども、又つかれて常に無い裡に退転せぬやうなる心を持てと申す事にて候。

【現代語訳】

放心を求めよ

「放心を求めよ」とは、孟子の言葉です。放たれた心を尋ね求めて、我が身へとり戻せという意味です。たとえば犬や猫、鶏などが逃げていったら探し歩いてつれ戻すように、身の主人であるはずの心が、よからぬ道へはしるのを、どうして追いかけてとり返さないか、というのです。まさに当然の道理です。ところがまた邵康節《しょうこうせつ》(39)という人は、「心は放つことを要する」といっています。まるで違っています。かようにいっている意味は、心をとらえきりにしておいては疲れるわけであり、さきの猫のように、自由な働きができぬゆえ、物に心が止まらず染まぬように、使いこなしたうえで、自由に働けるよう、どこへなりと放っておけ、という意味です。

物事に心が染まり止まるのだから、染まらせるな止まらせるな、我が身へとり戻せというのは、初心の稽古の段階である、蓮《はす》が泥に染まらぬようにせよ。泥にあっても平気である、よく磨いた水晶の玉は、泥のうちにあっても泥に染まらない、心もそのようにして、行きたい所へ行かせるがよい。心を引きつめては不自由である。心を引きしめておくのも、初心の時のこと、生涯さような有様では、上の段階にはゆけず下段で終わることになる。稽古の時は、孟子のいう放心を求めるという心がけが大切だが、至極のところでは、邵康節の、「心を放つを要す」ということになります。中峰《ちゅうほう》和尚(40)の語に、「放心を具《そな》う」とある。この意味は、邵康節が心は放つを要すといったのと同じであり、放心を求めよ、引きとどめて一つ所に置くなという意味です。

また(41)「退転せざるを具えよ」というのも中峰和尚の言葉です。退転せず、かわらない心をもて、ということです。人間、一度や二度はうまくゆくけれども、また疲れて常のようにできない時でも、退転しない心をもて、ということです。

(39) **邵康節**　一〇一一〜七七。北宋の学者、宋学の提唱者。范陽の人。易にもとづいて宇宙論をきわめた。我が心は宇宙の心、宇宙は我が心の体であると説き、物我一如、天人合一の境地に達することを理想とした。貧民街にあって悠々自適し、官に招かれても応ぜず、その志を高くし、思想の独立を期した。『皇極経世書』がある。

(40) **中峰**　一二六三〜一三二三。中峰明本《みんぽん》。臨済宗。中国杭州銭塘の人、姓は孫氏。高峰原妙に法を嗣いだ。幻住道人と号し、一処に定住せず、或いは船中に住み、或いは小庵（幻住庵）に住し、仁宗皇帝に召されたが応ぜず、衆に請われて天目山に住した。『中峰広録』

三十巻あり、『信心銘闢義解』は有名。
(41) 退転　修行によって到達した位を失って、もとの下位へ転落すること。禅定から退くこと。進んだ境地から退くこと。

急水上打㆓毬子㆒、念々不停留

と申す事の候。急にたきつて流る、水の上へ、手毬を投せば、浪にのつて、ぱつぱと止らぬ事を申す義なり。

【現代語訳】

急水上打㆓毬子㆒、念々不停留(42)

急水上打㆓毬子㆒、念々不停留ということがあります。急流に投げた毬《まり》は、浪にのっておどりあがったり、かくれたり、一瞬もとどまることがない、一心の働きはまさにそのようなものだ、ということです。

(42) 急水上…　『碧巌録』第八十則の本則に、「僧、趙州に問う、「初生《しょしょう》の孩子《がいじ》、還って六識を具するや」。趙州云く、「急水上に毬子《きゅうす》を打《だ》す」。僧また投子《とうす》（投子義青禅師）に問う、「急水上に毬子を打す、意旨如何」。子（投子）云く、「念念不《ねんねんふ》停留《ちょうる》」（一念一念が絶対に切れて、しかも切れていない）」。

前後際断

と申す事の候。前の心をすてず、又今の心を跡へ残すが悪敷候なり。前と今との間をば、きつてのけよと云ふ心なり。是を前後の際を切て放せと云ふ義なり。心をとゞめぬ義なり。

【現代語訳】

前後際断

前後の際《きわ》を断つ(43)、という言葉があります。前の心を捨てず、今の心を後に残すのがよくないのです。前と今との間を切って捨てよということで、これは前後の際を切って放せという意味です。心をどこにも停めないということです。

(43) 前後の際を断つ　前念後念一々切断せよ、ということ。さきの「念々不停留」の流れの前際（初めの端）と後際（終わりの端）との間が断絶していること。宇宙の一切は刻々とそのすがたを変化させながらも、不断に連続しているのが、いわゆる「非連続の連続」（西田哲学）で、この連続は、その一瞬一瞬が真実在として、それぞれが独立し、絶対性をもちながら、しかも永遠に不断なものとして連続すること。無常即永遠。いわゆる「花は散る散る常住、水は流れ流れ常住」。

水焦上、火洒雲

「武蔵野はけふはなやきそ若草の、妻もこもれり我もこもれり」。此歌の心を、誰か「白雲（露）のむすはば消えん朝顔の花」。

【現代語訳】

水焦上、火洒雲(44)

「武蔵野を今日だけは焼かないでください、草むらに夫も私も隠れているのですから(45)」という歌の心を、誰かが、「白い夏雲が見えるころには、朝顔の花はもうしおれてしまう」

と詠みかえた。
（束の間の短い命を大切にしたい、の意か）

（44）水焦上、火洒雲　出所未詳。

（45）武蔵野を…『伊勢物語』第十二段に、昔、男が人の娘を盗んで武蔵野へつれていったところ、国守に捕えられた。女を草むらに隠して逃げた。通りがかりの人が、この野には盗人がいるといって、火をつけようとしたので、女はこの歌を詠んで、この中には夫もいるので焼かないでほしい、と哀願して、女は一緒につかまった。夫も隠れているというのは、女を草むらに隠して逃げたという前文と矛盾するのは改作の故か。

内々存寄候事、御諫可二申入一候由、愚案如何に存候得共、折節幸と存じ及レ見候処、あらまし書付進し申候。

貴殿事、兵法に於て、今古無双の達人故、当時官位俸禄、世の聞えも美々敷候。此大厚恩を寝ても覚ても忘るゝことなく、旦夕恩を報じ、忠を尽さんことをのみ思ひたまふべし。忠を尽すといふは、先づ我心を正くし、身を治め、毛頭君に二心なく、人を恨み、咎めず。日々出仕怠らず。一家に於ては父母に能く孝を尽し、夫婦の間少しも猥になく、礼義正しく妾婦を愛せず、色の道を絶ち、父母の間おごそかに道を以てし、下を使ふに、私のへだてなく、善人を用ゐ近付け、我足らざる所を諫め、御国の政を正敷し、不善人を遠ざくる様にするときは、善人は日々に進み、不善人もおのづから主人の善を好む所に化せられ、悪を去り善に遷るなり。如レ此君臣上下善人にして、欲薄く、奢を止むる時は、国に宝満ちて、民も豊に治り、子の親をしたしみ、手足の上を救ふが如くならば、国は自ら平に成るべし。是れ忠の初なり。この金鉄の二心なき兵を、以下様々の御時御用に立てたらば、千万人を遣《つか》ふとも心のまゝなるべし。則ち先に云ふ所の、千手観音の一心正しければ、千の手皆用に立つが如く、貴殿の兵術の心正しければ、一心の働自在にして、数千人の敵をも一剣に随へるが如し。是れ大忠にあらずや。其心正しき時は、外より人の知る事もあらず。一念発る所に善と悪との二つあり、其善悪二つの本を考へて、善をなし悪をせざれば、心自ら正直なり。悪と知り止めざるは、我好む所の痛あるゆゑなり。或は色を好むか、奢気随にするか、いかさま心に好む所の働きある故に、善人ありとも我気に合はざれば、善事を用ひず。無智なれども、一旦我気に合へば登し用ひ、好むゆゑに、善人はありても用ゐざれば、無きが如し。然れば幾千人ありとても、自然の時、主人の用に立つ物は一人も不レ可レ有レ之。彼の一旦気に入りたる無智若輩の悪人は、元より心正しからざる者故、事に臨んで一命を捨てんと思ふ事、努々《ゆめゆめ》不レ可レ有。心正しからざるものゝ、主の用に立ちたる事は、往昔より不二承及一ところなり。貴殿の弟子を御取立て被レ成にも箇様の事有レ之由、苦々敷存じ候。是れ皆一片の数寄好む所より、其病にひかれ、悪に落入るを知らざるなり。人は知らぬと思へども、微より明かなるなしとて、我心に知れば、天地鬼神万民も知るなり。如ㇾ是して国を保つ、誠に危き事にあらずや。然らば大不忠なりとこそ存じ候へ。たとへば我一人、いかに矢《や》猛《たけ》に主人に忠を尽さんと思ふとも、一家の人和せず、柳生谷一郷の民背きなば、何事も皆相違仕るべし。総て人の善し悪しきを知らんと思はゞ、其愛し用ゐらるゝ臣下、又は親み交る友達を以て知ると云へり。主人善なれば其近臣皆善人なり。主人正しからざれば、臣下友達皆正しからず。然らば諸人みななみし、隣国是を侮るなり。善なるときは、諸人親むとは此等の事なり。国は善人を以て宝とすと云へり。よく〳〵御体認なさるべし。人の知る所に於て、私の不義を去り、小人を遠け、賢を好む事を、急に成され候はば、いよ〳〵国の政正しく、御忠臣第一たるべく候。就中御賢息御行跡の事、親の身正しからずして、子の悪しきを責むること逆なり。先づ貴殿の身を正しく成され、其上にて御異見も成され候はば、自ら正しくなり、御舎弟内膳殿も、兄の行跡にならひ、正しかるべければ、父子ともに善人となり、目出度かるべし。取ると捨つるとは、義を以てすると云へり。唯今寵臣たるにより、諸大名より賄を厚くし、欲に義を忘れ候事、努々不ㇾ可ㇾ有候。貴殿乱舞を好み、自身の能に奢り、諸大名衆へ押て参られ、能を勧められ候事、偏に病と存じ候なり。上の唱は猿楽の様に申し候由。また挨拶のよき大名をば、御前に於てもつよく御取成しなさるゝ由、重ねて能く〳〵御思案可ㇾ然歟。歌に「心こそ心迷はす心なれ、心に心心ゆるすな」。

【現代語訳】

内々思っていますことをお諫《いさ》め申すようにとのことですが、私の考え如何かと存じますけれど、この機会を幸いと思い、見及んでおりますことをあらまし記して差し上げます。

あなたは兵法において、今古無双の達人ですから、現在、官位、俸禄など世の評判もすばらしいものです。この厚遇による大恩を、寝ても覚めても忘れることなく、朝夕恩に報い、忠を尽くすことだけをお考えください。忠を尽くすというのは、まず自分の心を正しくし、身を修めていささかも君に二心をいだくことなく、人を恨み咎《とが》めることなく、日々の出仕《つとめ》をおこたらず、家にあっては父母によく孝を尽くし、夫婦間に少しの猥《みだ》りがましさもなく、礼儀正しく、妾婦を愛さず、色の道に走らず、親としては威厳をもって道に従い、目下《めした》の者を使うのに私情から差別することなく、善人を重く用い近づけて、自分の至らぬ所を戒め、国の政治を正し、善からぬ者を遠ざけるようにするならば、善い人は日ごとに進み、善からぬ者も自然に主人の善を好むところに感化され、悪を去り善に遷《うつ》るものです。このように君臣、上下が善人になって、私欲が薄く奢《おご》りをやめることになれば、国は富み、民も豊かに領内は治まり、子は親にしたしみ、下の者が手足のように上のために働くようになり、国はおのずから平和になりましょう。これが忠の初めです。

この金鉄のような堅い忠誠な兵を、あらゆる場合に役立てたなら千万人を遣《つか》うことも意のままでしょう。すなわち、さきに申しました、千手観音の一心が正しければ、千の手をみな使いこなせるように、あなたの兵術の心が正しければ、一心の働きは自在であって、数千の敵も一剣によって随えることができるようなものです。これこそ大きな忠ではありませぬか。その心が正しいかどうかは、外からうかがい知ることができません。一念の起こるところに善悪の二つが分かれる、その善悪二つの本《もと》(46)を見て、善をなし悪をしなければ、心はおのずからまっすぐになります。悪と知りながらやめないのは、自分が好むところの病のためです。或いは色を好み奢《おご》り気儘にするか、まやかし心に好む働きがあるため、善人がいても、自分の気に合わなければ、その人のすすめる善事も取りあげず、無智のものでも、いったん気に入ったら、あげ用いてかわいがるので、善人がいても用いなければ、いないにひとしい。だから幾千人あっても、平生において、主人の役に立つ者は一人もあるはずがない。いちど気に入った無智若輩の悪人は、もともと心のゆがんだ者ゆえ、大事に臨んでいのちを捨てようと思うことは、決してあるものではありません。心の正しくない者が主人の役に立ったというのは、昔から聞いたことがありません。ところであなたが弟子をお取りたてになる時にも、かようなことがあるそうで苦々しく思います。

これはみな、ほんのわずかな変わった好みから、その癖《へき》にひきずられて、悪におちいることを知らないのです。人は知らないだろうと思っても、微《かす》かなものほどはっきりしている(47)というように、自分自身が知っておれば、天地鬼神も万民もそれを感知します。このようなことで、国を保つことは、誠に危ないことではありませぬか。それでは大不忠だと思います。たとえ自分一人がどれほど忠義に勇み立っても一家の和合がならず、柳生谷の村人すべてがあなたに背いたなら、万事がくいちがってしまいます。すべて人の善し悪しを知ろうと思ったら、かれが愛し用いる臣下、また親しく交わっている友達によって知るといいます。主人が善であれば、その近臣みな善人である、主人が正しくなければ、臣下も友人も正しくない。そうなれば諸人はみな主人をないがしろにし、隣国はこれを侮ることになります。ところが主人・臣下が善であれば、庶民もこれになつくというのは、こうしたことです。国にとっては善人が宝だといいます。よくよくこのことを身をもって知りぬかれ、人の目はどこにも届くのだから、私情による不義を去り、小人を遠ざけ賢人を好み用いることを急いでなされるならば、いよいよ国の政治は正しくなり、第一の御忠臣となられましょう。

わけても御子息の行状のことですが、親であるあなたの身持ちが正しくなくて、子の悪を責めるのは順序が逆です。まずあなたの御身を正され(48)、そのうえで子供に御意見なされるならば、おのずから素行も正しくなり、弟の内膳殿も兄の行状を見習って正しくなりましょうから、父子ともに善人となり、一家めでたいことになりましょう。取るか捨てるかのけじめは、義をもってする、といわれます。ただいま主君の寵愛を受けている臣であることから、諸大名から賄賂を厚くうけ、欲によって義を忘れるようなこと、断じてあってはなりませぬ。

あなたは、乱舞《らんぶ》を好み、自分の能《のう》に思い上がって、諸大名の所へ押しかけていって、能を見せるということは、病と申すほかありませぬ。さらにお上《かみ》の唱《しょう》(49)を猿楽《さるがく》(50)のように申されるとか、またお世辞のよい大名を主君の前でも特に引き立てられるそうで、こうしたことを、重ねてよくよく反省なさるべきではありますまいか。歌にも「心《こころ》こそ心迷はす心なれ、心に心《こころ》心《こころ》ゆるすな（心ほど心を迷わすものはない、心というものに気を許してはならない）」とあります。

(46) **善悪二つの本**　是非善悪の分かれない以前の根源的自己。「よき事もあしき事もかぎりなし、ただ善悪をなす源一つを明らむべし」（夢窓疎石『二十三問答』）。

(47) **微かなものほど…**　「莫レ顕二乎微一（微《かすか》なるより顕《あきらか》なるはなし）」。目に見えぬ微細なものは、かえって明らかにあらわれる。『中庸』第一章に、「隠れたるより見《あら》わるるは莫《な》く、微なるより顕なるは莫し。故に君子は其の独《ひとり》を慎む」。

(48) **内膳**　内膳は中古以来の役名。もと天皇の食事をつかさどる役名。

(49) **唱** 節をつけてうたうこと。

(50) **猿楽** 茶番狂言のように座興のための滑稽な演技。また、能楽の旧称。

太阿記

蓋兵法者。不レ争二勝負一。不レ拘二強弱一。不レ出二一歩一。不レ退二一歩一。敵不レ見レ我。我不レ見レ敵。徹二天地未分陰陽不到処一直須レ得レ功。

蓋とは知らねどもと云ふ義なり。全体此の字はふたと訓《よ》む字なり。譬《たと》へは重箱に蓋を着せて置けば、中には何を入れたるやら知らねども、推量すれば十が六七は当るものなり。こゝも其の如く知らねども、斯《か》くあらむと落ち着けずに云ふなり。仮令《たとえ》しかと知りたることにても、卑下して心得だてに云はぬが是れ文の作法なり。

兵法者とは、字面の如し。

不レ争二勝負一不レ拘二強弱一とは、勝ち負けをも争はず、強き弱きの働きにも拘《こだわ》らずとなり。

不レ出二一歩一不レ退二一歩一とは、一足も踏み出さず、一足も退かず、坐《い》ながら勝を制することなり。

敵不レ見レ我とは、我は真我の我なり。人我の我にあらず。人我の我は、人能《よ》く之を見れども、真我の我は人之を見ること稀なり。故に敵不レ見レ我と云ふ。

我不レ見レ敵とは、我に人我の我見なき故に、敵の人我の兵法を見ざるなり。不レ見レ敵と云へばとて、目前の敵を見ぬに非ず。見て見ぬ所是れ妙なり。さて真我の我とは、天地未分已前。父母未生已前の我なり。此の我は、我にも鳥獣畜類草木一切の物にある我なり。即ち仏性と云ふもの是れなり。故に此の我は、影もなく、形もなく、生もなく、死もなき我なり。今日の肉眼を以て見る我にあらず。唯悟り得たる人のみ能く之を見るなり。其の見たる人を見性成仏の人と云ふ。昔し世尊雪山に入り給ひて、六年の艱苦を経て悟り給ふ。是れ真我の開悟なり。常の凡夫信力なくして、三年五年に知ることに非ず。学道の人、十年二十年、十二時中、そつとも怠らず、大信力を興し、知識に参して、辛労苦労を顧みず、子を失ひたる親の如く、立てたる志少しも退かず、深く思ひ、切に尋ねて、終に仏見法見も尽き果てたる所に到りて、自然に之を見ることを得るなり。

徹㆓天地未分陰陽不到処㆒直須㆑得㆑功とは、天も地も未た分れず、陰も陽も未た到らざる已前の処に眼を着けて、知見解会をなさず、能くまつすぐに見よ。然らば大功を得る時節あらんとなり。

【現代語訳】

蓋《けだ》し兵法者は、勝負を争わず、強弱に拘《こだわ》らず、一歩を出でず、一歩を退かず。敵、我を見ず、我、敵を見ず。天地未分、陰陽不到の処に徹して、直ちに功を得べし。

「蓋し」とは、はっきりとはいえないが、という意味である。元来、この字はふたと読む字だ。たとえば、重箱の蓋をしておけば、何がはいっているかわからぬが、想像すれば十のうち六、七は当たるものだ。ここでも、ありのままは知らないのだが、こうだろうと断定せずにいうのである。たとえ確かに知っていることでも、へりくだって物知り顔にいわないのが、文章の作法である。

「兵法者」とは、文字通り兵法にたずさわる者である。

「勝負を争わず、強弱に拘らず」とは、勝ち負けをきそわず、強弱の働きにもこだわらぬというのである。

「一歩を出でず、一歩を退かず」とは、一足も踏み出さず、一足も退かず、居ながらにして勝つということである。

「敵、我を見ず」という我は、真我《しんが》の我である。人我《にんが》(1)の我ではない。人我の我は、人がたやすく見抜くのだが、真我の我を見る者は稀である。それゆえ、敵、我を見ずという。

「我、敵を見ず」とは、こちらに人我の見《けん》がないために、敵の人我の兵法(2)を見ないのである。敵を見ずといっても、目の前の敵を見ないのではない。見て見ないところがまさに妙《みょう》用《ゆう》(3)である。

さて、真我の我とは、天地が分かれる前、父母が生まれる前から存在する我である(4)。この我は自分にもあれば、鳥、けだもの、草木など、一切のものにある我である。仏性《しょう》というのがこれである。それゆえ、この我は、影もなく形もなく、生もなく死もない我である。普通の肉眼で見える我ではない。悟りに徹した人だけが見ることができるのだ。真我を見た人を見性《けんしよう》成仏(5)の人という。

昔、釈尊が雪山《せっせん》(6)におはいりになり、六年の苦しい修行ののちに悟って仏陀となられた。すなわち真我を悟られたのだ。世の常の凡夫が信心の力もなしに、三年、五年で知られることではない。仏道を学ぶ人が、十年、二十年、十二時中、瞬時も怠らず、大信心の力をふるいおこし、善知識(7)に参じて、辛さ苦しさをかえりみず、我が子をなくした親のような必死さで、立てた志をいささかも退かず、深く思い、切に尋ねて、ついには、仏見、法見(8)すら消えはてた境地に至って、自然にこれが見えてくるのである。

「天地未分、陰陽不到の処に徹して、直ちに功を得べし」(9)とは、天地がまだ分かれず、陰陽がまだ現れぬ処に眼をつけて、思考・理解を用いず、ただまっすぐに見よ、そうすれば大功をあげる時節がくる、というのである。

(1) 人我　世間一般に考えられている個人我、我々の身体のうちに実在すると考えられている実体的な我。
(2) 見て見ない　見ていながら、自分が向こうのものを見ているという分別意識（こだわり）のない、見ることそのこと。
(3) 妙用　これはこうだと、つかんだり、説明されたりしていないはたらきそのもの。
(4) 天地が分かれる前…　あらゆる思惟分別以前の、したがってどのようなすがた、かたちもない、はたらきの相もない、はたらきそのものである自己。
(5) **見性成仏**　自己にとらわれたり、外の物にとらわれたりしている日常の自己の本性が、絶対の空であることを見ること（見性）が、ただちに仏になること。
(6) **雪山**　雪のある山、インドのヒマラヤ山（脈）。雪山童子、釈尊の過去世の菩薩の名。ここで修行中の童子が、修行の結果得たといわれる「諸行無常、是生滅法、生滅々已、寂滅為楽」（あらゆる物事は無常であり、生滅する存在である、生滅のすがたが消えてしまったところが、苦悩をはなれた悟りの世界である）という詩を、雪山の偈という。
(7) **善知識**　般若の智慧をひらいて、正道に導く人。善友とも呼ばれる。
(8) **仏見、法見**　仏という意識、法という意識。
(9) **思考・理解**　知的に考えて理解することを「知《ち》見解《けんげ》会《え》」という。

夫通達人者。不ニ用レ刀殺一レ人。用レ刀活レ人。要レ殺即殺。要レ活即活。殺殺三昧。活々三昧也。不レ見ニ是非一而能見ニ是非一。不レ作ニ分別一而能作ニ分別一。踏レ水如レ地踏レ地如レ水。若得ニ此自由一。尽大地人不レ奈ニ何他一。悉絶ニ同侶一。

通達人者とは、兵法通達の人を云ふ。
不ニ用レ刀殺一レ人とは、刀を用ひて人を斬ることをせねども、人皆此理に逢ひては、おのれとすくみて、死漢となるが故に、人を殺すの必用なきなり。

用レ刀活レ人とは、刀を用ひて人をあひしらひつゝ、敵の働くに任せて見物せんと己が儘なり。

要レ殺即殺要レ活即活殺殺三昧活々三昧也とは、活さうとも、殺さうとも自由三昧なりとなり。

不レ見二是非一而能見二是非一不レ作二分別一而能作二分別一とは、兵法の上に是非を見ずして能見二是非一。分別を作《な》さずして能作二分別一となり。譬へば一面の鏡を開き置けば、何物にても前に在る物は、それ〳〵の形うつりて、それ〳〵に見ゆるなり。然れども其の鏡は無心なる故に、それ〳〵の形は、きつかとうつせども、それは是れ、是れはそれと、分別する心はなきなり。兵法を使ふ人も、一心の鏡開くときは、是非分別の心なけれども、心の鏡明かなるによりて、是非分別は見えずして、能く見ゆるなり。

踏レ水如レ地踏レ地如レ水とは、此の意は、人人の本源を悟りたる人ならでは、知るべからず。愚者は踏レ水如レ地ならば、地を行きても陥らむ。踏レ地如レ水ならば、水を踏みても歩かれんと思はむ。されば、此の事は、地水ともに忘れたる人にして、始めて此の道理に到るべし。

若得二此自由一尽大地人不レ奈二何他一とは、斯く自由を得たる兵法家は、尽くの大地の人が寄りて謀るとも、何とも為すやう有るまじとなり。

悉絶二同侶一とは、世界に並ぶものなしと云ふ事にて、謂《いわ》ゆる天上天下唯我独尊なり。

【現代語訳】

夫《そ》れ通達《つうたつ》の人は、刀を用いて人を殺さず、刀を用いて人を活《い》かす。殺さんと要せば即ち殺し、活かさんと要せば即ち活かす。殺殺三昧《せつせつざんまい》、活々三昧《かつかつざんまい》なり。是非を見ずして能《よ》く是非を見、分別《ふんべつ》を作《な》さずして能く分別を作す。水を踏むこと地の如く、地を踏むこと水の如し。若《も》し此の自由を得ば、尽大地《じんだいち》の人、他を奈何《いかん》ともせず、悉《ことごと》く同侶《どうりょ》を絶す。

「通達の人」とは、ここでは兵法の達人をいう。

「刀を用いて人を殺さず」とは、刀でもって斬りはしないが、達人の理を前にすると、全身がひとりでにちぢみあがって死人同様となるので、殺す必要がないのだ。

「刀を用いて人を活かす」とは、刀でもって相手をあしらいながら、相手の働くにまかせて、眺めているのも思いのままだという。

「殺さんと要せば即ち殺し、活かさんと要せば即ち活かす。殺殺三昧、活々三昧」とは、活かすも殺すも、自由自在というのである。

「是非を見ずして能く是非を見、(10)分別を作さずして能く分別を作す(11)」とは、兵法の上に、是か非かを見ないで、よく是非を見、分別せずに、よく分別するというのである。

たとえば、一面の鏡を開いておけば、(12)前にあるものはなんでも、それぞれの形が映って、それぞれに見える。しかし鏡は心がないゆえ、それぞれの形ははっきり映すが、しかしそれはそれ、これはこれと分別する心がない。

兵法を使う人も、一心の「鏡」が開くときは、是非分別の心はないけれど、心鏡に曇りがないため、是非分別が見えないで、是非分別が見えるのである。

「水を踏むこと地の如く、地を踏むこと水の如し」とは、この心は、人間の本源を悟った者でなくては、知ることができないのだ。

愚かな者は、水を踏むこと地を踏むようだとすれば、地上を歩いても落ちるだろう、地を踏むこと水のようだとすれば、水上でも歩いてゆけるだろう、と思うかもしれぬ。それゆえ、このことは、地水ともに忘れた人(13)にして、初めてこの理に至るであろう。

「若し此の自由を得ば、尽大地(14)の人(15)、他を奈何ともせず」とは、かように自由を体得した兵法家は、地上のすべての人が寄ってきて何とかしようとしても、彼をどうしようもあるまいというのだ。

「悉く同侶(16)を絶す」とは、世界無比だということで、いわゆる「天上天下《てんじょうてんげ》、唯我《ゆいが》独尊《どくそん》」(17)である。

(10) 是非を見ずして…　是非にとらわれないで是非を見る。

(11) **分別を作さずして…** 分別にとらわれないで分別する。
(12) **鏡を開いて…** 昔の鏡にはたいてい蓋があった。
(13) **地水ともに…** さきの分別をしないで分別するとおなじ、とらわれない境地。
(14) **尽大地** 大地の果てから果てまで。世界中。
(15) **他** 大自在を得た人。
(16) **同侶** 同じ仲間、同類。
(17) **天上天下、唯我独尊** 私は、世界のうちで最勝のもの、という意味。釈尊が誕生したとき、四方に七歩あゆみ、右手をあげて唱えたといわれる誕生偈。現代では、無相の自己を根柢とする人間性の尊厳を示すものと見る（『長阿含経』『大唐西域記』など）。

欲レ得二這箇一麼。行住坐臥。語裡黙裡。茶裡飯裡。工夫不レ怠。急着レ眼窮去窮来。直須レ見。月積年久而如二自然暗裡得レ燈相似。得二無師智一発二無作妙用一。正与麼時。只不レ出二尋常之中一。而超二出尋常之外一。名レ之曰二太阿一。

欲レ得二這箇一麼とは、這箇《しやこ》は右を指す言葉にて、右件の旨を得んと思ふならばと云ふ義なり。

行住坐臥とは、行くと住《とどま》ると坐ると臥すとの四つにて、之を四威儀《しいぎ》と云ふ。人々の上に皆ある事なり。

語裡黙裡とは、物語のうちも、無言のうちとも、と云ふ事。

茶裡飯裡とは、茶を飲むうちも、飯を食ふうちもとなり。

工夫不レ怠急着レ眼窮去窮来。直須レ見とは、工夫を油断して怠ことなく、恒《つね》に自己に立返り、急に眼を着けて其の理を窮めつゝ、只まっすぐに、是は是、非は非にして、それぞれの上に此の理を看《み》よとなり。

月積年久而如二自然暗裡得レ燈相似とは、斯《か》くの如く工夫を能《よ》くしつゝ、月を積み年を累《かさ》ねて進み行くほどに、彼の妙理を自得すること、恰《あたか》も闇の夜に忽ち燈の光に逢ふが如くに相似たらばとなり。

得二無師智一とは、師匠も伝へぬ根本智を得ること。

発二無作妙用一とは、凡夫の所作は一切意識より出るが故に、総《す》べて有作の働にて苦む事のみなるを、此の無作の働は、根本智より発するが故に、只々自然にして安楽なり。是の故に妙用とは云ふなり。

正与麼時とは、正に個様の時に云ふことにて、即ち得二無師智一発二無作妙用一其の時なり。

只不レ出二尋常之中一而超二出尋常之外一とは、そも此の無作の妙用は、別段なる処に発するに非ず。只々平生一切の仕業が、総て無作になり切るが故に、決して尋常一様の中を出て離るゝに非ず。されぱとて、平々の凡夫が、尋常一様の有作の働とは、全く切れ替りたるものなるが故に、不ㇾ出二尋常之中一而超二出尋常之外一なり。

名ㇾ之曰二太阿一とは、太阿は天下に比類なき名剣の名なり。是の名剣は、金鉄の剛《かた》きより、玉石の堅きまで、自由に斫《き》れて天下に刃障になる物なし。彼の無作の妙用を得たる者は、三軍の元帥も、百万の強敵も、是れが手に対《むか》ふるもの無きこと、猶《なお》彼の名剣の刃に障るものなきと一般なるが故に、此の妙用の力を太阿の剣とは名づくるなり。

【現代語訳】

這箇《しやこ》(18)を得んと欲すれば、行住坐臥《ぎようじゆうざが》、語裡《ごり》黙裡《もくり》、茶裡《さり》飯裡《はんり》、工夫を怠らず、急に眼《まなこ》を着けて、窮《きわ》め去り、窮め来って、直ちに見るべし。月積み年久しゅうして、自然暗裡に(19)燈《ともしび》を得るが如きに相似たり。無師の智を得、無作《むさ》の妙用《みようゆう》を発《おこ》す。正《まさに》与麼《そ》の時、只《ただ》、尋常の中《うち》を出でず。而《しか》も尋常の外に超出す。之《これ》を名づけて「太阿《たいあ》」と曰《い》う。

「這箇を得んと欲すれば」の這箇は、これこのことという意味で、右に述べた自由の境地を得ようと思うならば、ということである。

「行住坐臥」とは、日常の立居振舞、すなわち行くと住《とど》まると坐ると臥《ふ》すの四つを指し、仏教ではこれを四威儀《しいぎ》、四つの振舞という。日常生活の上にみなあることだ。

「語裡黙裡」とは、語っているときも黙っているときも、ということ。

「茶裡飯裡」とは、茶を飲むときも飯を食べるときも、ということである。

「工夫を怠らず、急に眼を着けて、窮め去り、窮め来って、直ちに見るべし」とは、油断して工夫を怠ることなく、たえず自己に立ち返り、ぬかりなく見つめて、くりかえしてその理を究めに究めて、ただまっすぐに、是は是、非は非と、それぞれ事実の上にこの理を見よ、というのである。

「月積み年久しゅうして、自然暗裡に燈を得るが如きに相似たり」とは、このようにぬかりなく工夫を続けて、年月を重ねてゆくうちに、闇夜に突然、燈火に出会うように、さきの妙理を体得したならば、ということである。

「無師の智を得」とは、師匠からも伝えられない般若の根本智を得ること。

「無作の妙用を発す」とは、凡夫の振舞はすべて意識[20]から出るゆえに、作為《はからい》[21]による働きで、不自然で不安なばかりだが、作為のない無作[22]の働きは、根本智[23]から生まれるゆえ、ひとえに自然で安らかである。それゆえ妙用というのである。

「正与麽の時」とは、まさにかような時ということ、すなわち無師の智を得、無作の妙用を発《おこ》すその時である。

「只、尋常の中を出でず。而も尋常の外に超出す」とは、一体この無作の妙用は、特別な時処に現れるのではない。ただ普段すべての振舞が、まったく作為のないものになりきっているゆえ、普段あたりまえのところを離れるのではない。とはいえ、ただの凡夫が平生やっている有作《うさ》(24)の行いとは、まったく切れたものゆえ、普段のところを離れないで、しかも普段のところを超えているのだ。

「之を名づけて「太阿」と曰う」。(25)太阿は天下無比の名剣の名である。この名剣は、金や鉄の剛《かた》さから、玉や石の堅さのものまで、自由に切れて、この刃をはばむものは、世にないのである。

さきの無作の妙用を体得した者は、三軍(26)の元帥も百万の強敵も手ごたえがないこと、かの名剣の刃をはばむもののないのと同様だから、この妙用の力を、たとえて太阿の剣と呼ぶのである。

(18) 這箇　この境地。
(19) 自然暗裡に　みずから、おのずから暗闇のなかに。
(20) 意識　我執分別に染まった意識（いわゆる第六意識）。
(21) 作為　意志の力でことさらにはたらくこと。
(22) 無作　自我のはからいを離れていること。
(23) 根本智　究極の真理をさとった智。後に慈悲のための後得智を生ずる。また根本智を実智とよび、慈悲方便の後得智を権智《ごんち》という。

(24) 有作　分別意志でことさらにつとめること。無作の反対。
(25) 太阿　古代中国の宝剣、利剣の名（『史記』李斯《りし》伝、『楚辞』東方朔、『晋書』張華伝など）。ここでは人々が本来そなえている本性にたとえる。
(26) 三軍　周代、大国がもっていた軍隊。一軍は一万二千五百人。天子は六軍《りくぐん》、諸侯の中で大国は三軍、次国は二軍、小国は一軍をもった。要するに三軍は大軍のこと。

此太阿利剣。人々具足。箇々円成。明レ之者。天魔怕レ之。昧レ之者。外道欺レ之。或上手与二上手一。鋒鋩相交。不レ決二勝負一者。世尊拈華。迦葉微笑。如又挙一明三。目機銖両。是尋常之霊利也。若夫此事了畢人。於二一未レ挙二未レ明以前一。早截作二三段一。況顔々相対乎。

此太阿利剣人々具足箇々円成とは、天下に刃障になる程の物なしと云ふ。太阿の名剣は、他人の許に在るに非ず。人々孰《いず》れにも具足し、箇々少しも欠目なく、円満に成就してあるぞとなり。是れ即ち心の事なり。是の心は、生の時に生ずるに非ず。死の時に死するに非ざるが故に、本来の面目と云ふ。天も之を覆ふこと能《あた》はず、地も之を載すること能はず、火も之を焼くこと能はず、水も之を湿すこと能はず、風も之を透すこと能はざるが故に、天下に此の刃障になる物はなきなり。

明レ之者天魔怕レ之昧レ之者外道欺レ之とは、是の本来の面目を悟り明らむる者は、宇宙の間に遮り覆ふものなき程に、天魔の神通力を施すべき術なく、却て逆さまに己が腹の底まで見透さる、故に、此の人を怕《おそ》れ憚《はばか》りて、寄付くこと、はならぬなり。之に反して、是の本来の面目を昧まし迷ふ者は、種々の妄念妄想を蓄ふる程に、其の妄念妄想に付入りて、外道も容易に之を欺き瞞ますことを得るなり。

或上手与二上手一鋒鋩相交不レ決二勝負一者とは、若し互に本来の面目を悟りし者同士出会して、双方共に太阿の剣を抜き放し、鋒と鋩と付け合ひて、勝負の決することの出来ぬ時には、何となるぞと云ふに、其の世尊と迦葉《かしょう》との出会の如しとなり。

世尊拈華迦葉微笑とは、世尊末後に霊山会上にて、一枝の金婆羅華を拈《ねん》じて、八万の大衆に示し給ふに、衆みな黙然として居たり。只迦葉一人、につこと笑ひ給ふ。其の時世尊、迦葉の悟を開き給ふことを知り給ひて、吾が不立文字《ふりゅうもんじ》教外別伝の正法は、汝に附属す。と印証し給ひしが如しとなり。さて、それより此の正法、西天には二十八代達磨まで伝はり、唐土には、達磨より六代伝はりて、六祖の大鑑禅師に至る。此の禅師は、肉身の菩薩にておはしければ、それよりいよいよ唐土にも仏法盛にして、枝葉はびこり、五家七宗出興して、乃至《ないし》虚堂より以来、吾朝の大応大燈より、今に至るまで血脈不断なり。さる程に、拈華微笑の法は、中中着地に至り難き処なり。容易に推量して知ることに非ず。諸仏も気を呑み声を飲む所なり。されば此の義理は、言ふべき様なれども、強て譬へて言はゞ、一器の水を一器に移して、水と水とが合して分ちなき如く、世尊と迦葉と眼一般の処なり。甲乙は更になし。さればいかなる兵法家にても、此拈華微笑の旨を得たる者は、十万人中に一人も無きことなれども、若《も》し最大乗の人ありて、知らむと要せば、更に参せよ三十年。若し過らば、唯兵法に達せざるのみにあらず、地獄に入ること箭《や》を射るが如し。怕《おそ》るべし〳〵。

如又挙一明三とは、一を挙げて見すれば、直に三を明らむること。

目機銖両とは目機は目裡の機にて、目分量の事、銖とは目方分量のこと。銖とは目方十糸なり。両とは十銖を分として、十分を両とするなり。されば金銀は、何程あるとも、目分量にて之を量るに、一銖一両の違ひなきを云ふ。言ふこころは、利根霊利の人なり。

是尋常之霊利也とは、個ほとに霊利の人にては、其は尋常多き利根にて、是れ奇特に非ずとなり。

若夫此事了畢人於二一未レ挙三未レ明以前一早截作二三段一とは、仏法の大事因縁を悟り畢れる人は、一も未だ挙げず、三も未た明らめず、何とも角とも兆の現はれざる以前に於て、早く截《きり》て三段となし置くほどに、此の人に逢はば、如何にてもなるまじとなり。

況顔々相対乎とは、此の如く早業の妙を得て居る人が、他人と顔を合するときは、余りに截り易くて、向ふの人は、首の落ちしも知らぬ程の手際なるぞとなり。

【現代語訳】

此の太阿の利剣は、人々《にんにん》に具足し、箇々に円成す。之を明らむる者、天魔も之を怕《おそ》れ、之に昧《くら》き者、外道《げどう》も之を欺く。或いは上手、上手と与《とも》に鋒鋩《ほうぼう》相交え、勝負を決せざるは、世尊拈華《せそんねんげ》、迦葉微笑《かしようみしよう》(27)、又、一を挙げて三を明らかにする如し。目機銖両《もつきしゆりよう》(28)、是れ尋常之霊利なり。若《も》し夫《そ》れ、此の事《じ》、了畢《りようひつ》の人、一を未だ挙げず、三を未だ明らめざる以前に於いて、早《はや》、截《き》って三段と作《な》す。況《いわん》や顔々《がんがん》相対するをや。

「此の太阿の利剣は、人々に具足し、箇々に円成す」とは、天下に切れぬものはないという。太阿の名剣は、他人の手許にあるのではない。人間誰にでもそなわっていて、この一つ一つが、少しも欠け目なく、そのままに完全だということである。太阿の名剣とは、心のことである。この心は、生まれるときに生ずるのでなく、死ぬときに死ぬのではない。それゆえに本来の面目、本性というのである。この心は、広い天も覆いかくすことができず、広い地も載せることができず、火も焼くことができず、水も濡らすことができず、風も吹き抜けることができぬ。それゆえ、世にこれをはばむものはないのである。

「之を明らむる者、天魔も之を怕れ、之に昧き者、外道(29)も之を欺く」とは、この本来(30)の面目を見きわめた者は、彼の眼をさえぎり覆うものは、宇宙どこにもないゆえ、天魔の神通力もほどこす術《すべ》がなく、逆に我が腹の底まで見透されるので、この人を恐れ敬遠して、寄りつくことができぬのである。

これに反して、この本性に眼が開けず、迷っている者は、妄念妄想をいっぱい持っているために、その妄念妄想につけいって、外道も容易にこれを欺きだますことができるのだ。

「或いは上手、上手と与に鋒鋩相交え、勝負を決せざる」とは、本来の面目に徹した同士が出会って、双方太阿の剣を抜き放ち、鋒《きつさき》と鋩《きつさき》とを切りかわして、勝負が決しないときには、どうなるかというに、それは釈迦と迦葉との出会いのようなものだという。

「世尊拈華、迦葉微笑」というのは、世尊御臨終の際、霊鷲山《りようじゆせん》の説法の席上で、一枝の蓮《れん》華《げ》を拈《ひね》って、八万の大衆にお示しになったところ、皆の者は何のことかわからず、ただ黙っていた。ひとり摩訶迦葉《まかかしよう》(31)だけが、うなずいて微笑なさった。そのとき、世尊(33)は迦葉が悟(34)りを開いたのを知られて、我が不立文字《ふりゆうもんじ》、教外別伝《きようげべつでん》(32)の正法《しようぼう》はあなたにゆだねると、心印を授けられたようなもの(35)だというのである。

さて、それからこの正法は、インドでは二十八代達磨《だるま》(36)まで伝わり、中国では達磨から六代伝わって、六祖《ろくそ》(37)の大鑑《だいかん》禅師に至った。

この禅師は生きた菩薩であったから、以後、唐にもいよいよ仏法は盛んとなり、枝葉をひろげるように展開して、いわゆる五家七宗《ごけしちしゆう》(38)が勃興し、さらに、虚堂智愚《きどうちぐ》(39)から我が国の大《だい》応国師《おうこくし》(40)、大燈《だいとう》(41)国師と伝わって、今日に至るまで、師から弟子へと、正法の命脈《みようみやく》は絶えることがない。

ところで、拈華微笑《ねんげみしょう》(42)の法は容易に実現できないところである。気軽に推しはかって知られることではない。諸仏も息をのみ、おし黙ってしまうところである。

それゆえこの道理は、表現しようもないのだが、しいてたとえるならば、一つの器の水を、別の器の水に移すと、水と水とが一つになって見分けがつかぬように、世尊の眼と迦葉の眼が同一であって、甲乙の別はさらにないのである。

だから、どのような兵法家でも、この拈華微笑の心を体得した者は、十万人に一人もないのだが、もし、この上なく大きな念願の人があって、体得しようとするなら、さらに三十年も修行すべきである。これを誤ったら、兵法の達人どころか、地獄に落ちること矢を射るにひとしい。恐るべきことだ。

「又、一を挙げて三を明らかにす」とは、一を見せた途端に、三をさとるすばやさ。

「目機銖両(43)」とは、目機は目のはたらき、目分量のこと、銖は目方分量のこと。銖は十糸《じっし》、両は十銖を分《ぶ》として、十分を両とするのである。つまり、どれほどの金銀でも、目分量ではかって、一銖一両の違いもないことをいう。要するに機敏な人ということ。

「是れ尋常之霊利なり」とは、これほど機敏な人でも、それは普通一般に多い機敏であって、特に珍しいものではないというのだ。

「若し夫れ、此の事(44)、了畢(45)の人、一を未だ挙げず、三を未だ明らめざる以前に於いて、早、截って三段と作す」とは、仏法の大事因縁を悟り終わった人は、一も未だ挙げず、三も未だ明らめない、まだ、いささかの兆しも現れない前に、すばやく截って三段にしてしまうのだから、かような人に出会ったら、どうあがいてもはじまらぬという。(46)「況や顔々相対するをや」というのは、このように早業の妙を得ている人が、他人と顔を合わせたら、あまりにも切りやすくて、相手は首の落ちたのも知らぬほどの手際だ、というのである。

(27)**世尊拈華、迦葉微笑**　本文の説明参照。
(28)**日機銖両**　本文参照。
(29)**外道**　天魔とともに仏道を妨げるもの。仏教以外の他の宗教の教え、またその信奉者。転じて異端邪説の徒を外道という。
(30)**天魔**　人が善事をなそうとするとき、これを妨げる他化自在天《たけじざいてん》、すなわち欲界の第六天の魔王をいう。
(31)**摩訶迦葉**　マハーカーシャパの音写。仏十大弟子の一人。
(32)**不立文字、教外別伝**　以心伝心不立文字とか、不立文字教外別伝などという。
(33)**ゆだねる**　付嘱《ふしょく》する、付託する。世に仏法を伝えるべき使命を与えること。
(34)**心印**　仏心印。仏の悟りを印にたとえ、大悟徹底した仏祖の大法・心そのもの。
(35)**授けられたようなもの**　禅宗の以心伝心の具体例として、という含意。

（36）**達磨**　菩提達磨（ボーディ・ダルマ）。インドの人、中国禅宗の初祖。四七〇年、または五二〇年頃、中国に渡り、晩年には嵩山《すうざん》の少林寺に住したといわれる。

（37）**六祖**　六三八〜七一三。中国の禅宗第六祖慧能《えのう》。大鑑禅師。その思想を伝えるものに『六祖壇経』がある。

（38）**五家七宗**　潙仰《いぎょう》宗、臨済宗、曹洞宗、雲門宗、法眼《ほうげん》宗の五宗を五家とよび、これに臨済宗から派生した黄龍《おうりょう》宗、楊岐《ようぎ》宗を加えて七宗という。

（39）**虚堂智愚**　一一八五〜一二六九。南宋の臨済禅の宗匠。

（40）**大応国師**　一二三五〜一三〇八。南浦紹明《なんぽしょうみん》。駿河の人。臨済宗の僧。宋に渡り、虚堂智愚の法を嗣ぐ。

（41）**大燈国師**　一二八二〜一三三七。宗峰妙超。播磨の人。臨済宗の僧。大応国師の法を嗣ぐ。大徳寺派の祖。

（42）**拈華微笑**　心をもって心に契《かな》う以心伝心を意味する言葉となっている。

（43）**目機銖両**　目機は目のはたらき、目分量。銖両はきわめてわずかな重さの名。一目ちらっと見て、ただちに一銖一両の名の差（物の軽重）を見分けること。怜悧俊敏なはたらき。「挙一明三《こいちみょうさん》、目機銖両、是れ衲僧家《のうそうけ》尋常《よのつね》の茶飯《さはん》」（『碧巌録』第一則）。

（44）**此の事**　人間生死の大問題、人生究極の道。

（45）**了畢**　徹底して解決しおわる。大事了畢などという。

（46）**大事因縁**　一大事因縁の略。仏がこの世に現れた最も大切な因縁、すなわち生死の不安をのりこえる道。

如レ是人。終不レ露二鋒鋩一。其疾也。電光無レ通。其短也。急嵐無レ及。無二這般手段一。終拈却着擬却着。便傷レ鋒犯レ手。不レ足レ為二好手一。莫下以二情識一卜度上。無二言語所一レ可レ伝。無二法様所一レ可レ習。教外別伝法是也。

如レ是人終不レ露二鋒鋩一とは、個様《かよう》の名人は、初めより太刀の鋒は見せぬなり。其疾也電光無レ通其短也急嵐無レ及とは、其の早きこと今見えしと思へば、忽ち消ゆる電光も、其の手の中を通すこと能はず。其の短きことは、沙石を吹き飛ばす嵐も及ぶこと能はずとなり。

無二這般手段一終拈却着擬却着とは、これつらの手際なくして、そつとなりとも、太刀を挙くる処に着し、そつとなりとも、心にあてがふ処に着したらばとなり。

便傷レ鋒犯レ手不レ足レ為二好手一とは、必ず太刀の鋒をぶち折りたり、おのが手を截りたりして、決して上手とは言はれまじとなり。

莫下以二情識一卜度上とは、情識は人情中の識分別なり。卜度は卜《うらな》ひ度《はか》るなり。言ふこころは、何程情識を以て卜ひ度りて見ても、少しも役に立たぬ事なり。故に卜度の分別を離れて看《み》よとなり。

無㆓言語所㆒可㆑伝無㆓法様所㆒可㆑習とは、此の真実の兵法は、言辞にて語り伝ふべき様もなく、又法様とて個様に構へて何処を打てよなど、教へ習す様もなしとなり。

教外別伝法是也とは、其の如く言辞にても伝へられず、仕方にても教へられぬ業《わざ》なるが故に、教外別伝の法と云ふなり。教外別伝とは、師の教への外に、別に己が自悟自得せねばならぬ法なるぞとなり。

【現代語訳】

是《かく》の如きの人、終《つい》に鋒鋩《ほうぼう》を露《あら》わさず、其《そ》の疾也《しつや》、電光も通ずる無く、其の短也、急嵐《きゅうらん》も及ぶ無し。這般《しゃはん》の手段無く、終に拈却着《ねんきゃくじゃく》し擬却着《ぎきゃくじゃく》すれば、便《すなわ》ち鋒を傷つけ手を犯し、好手たるに足らず。情識を以て卜度《ぼくたく》する莫《な》し。言語《ごんご》の伝うべき所無く、法様《ほうよう》の習うべき所無し。教外別伝《きょうげべつでん》の法《ほう》、是《こ》れ也《なり》。


「是の如きの人、終に鋒鋩を露わさず」とは、かほどの名人は、抜く手も見せず、太刀先が見えないのだ。

「其の疾也、電光も通ずる無く、其の短也、急嵐も及ぶ無し(47)」とは、そのすばやさは、見えたとすれば消えてしまう稲妻も、その手さばきの中を通すことができず、その短さは、沙《さ》石《せき》を飛ばす嵐も及ぶところではないという。

「這般の(48)手段無く、終に拈却着し(49)擬却着すれば」とは、これほどの手際もなしに、太刀を振りあげるところに、いささかでも執着し、心を働かすところに、ちょっとでもとらわれたら、というのだ。

「便ち鋒を傷つけ手を犯し、好手たるに足らず」とは、すぐさま太刀の鋒先《ほこさき》を折り、自分の手を切ったりして、決して上手の人とはいわれまいという。

「情識(50)を以て卜度する莫し」とは、情識は凡夫の迷い心の意識分別である。卜度は占いはかることである。言葉の趣旨は、どれほど情識で占いはかっても、何の役にも立たぬということ、そこで占いはかろうとする分別を離れて虚心に見よ、という。

「言語の伝うべき所無く、法様(51)の習うべき所無し」とは、この真実の兵法は、言葉で伝えようがなく、またこう構えて、どこを打てなどと、教えようもないというのだ。

「教外別伝の法、是れ也」とは、そのような言葉でも伝えられず、所作《しぐさ》でも教えられぬ業《わざ》だから、教外別伝の法という。教外別伝とは、師の教えのほかに、自分自身で悟り体得せねばならぬ法だということである。

(47) 其の疾也…　その速いことは。「也」は語勢を強める助辞。
(48) 這般の　このような。

(49) 着　はたらきを示す助辞。
(50) 情識　凡夫の迷い心の見解。
(51) 法様　しぐさ、振舞。

大用現前。不レ存二軌則一。順行逆行。天無レ測。是什麼道理。古人云。家無二白沢図一。無二如レ是妖怪一。若人錬得至二這箇道理一。一剣平二天下一。学レ之者莫二軽忽一。

大用現前不レ存二規則一とは、彼の別伝の法の大用が、目前に現し来れば、自由自在にして、規則を存在せぬなり。併《しか》し此の大用は、此の十方世界何の処にも行き亙りて、兎《う》の毛の先程も、外れたる所なき故に、大用と云ふなり。軌則とは法度法則を云ふ。斯《か》かる物の鋳形の如き法度法則は、大用現前の上には存在せずとなり。

順行逆行天無レ測とは、此の大用現前の人は、順に行かむとも、逆に行かむとも、自由にして碍なし。茲をば天も測り知ることはならぬとなり。

是什麼道理とは、是はいかなる道理ぞと人に向ひて拶《さつ》して云ふなり。

古人云家無二白沢図一無二如レ是妖怪一とは、前の拶しの答なり。其の白沢とは、身は牛に似、首は人に似て、何とも知らぬ活物なり。此の物、或ひは夢を食ひ、或は殃《わざわい》を食ふとて、唐土には其の図をゑがきて、門に押付け、又は家の柱に張付るなり。されば白沢の図は、押すことは、家の殃を避けむ為めの仕方なり。然れども、家に本より妖怪なき人は、白沢の図をゑがきて押さむと思ふ心もなきなり。言ふこゝろは、順行逆行ともに、用ひ得たる者は天だにも其心中を測ることならぬからに、一切の苦楽を飛び抜けて、身にも家にも殃なき故、白沢の図を好む心もなく、其の境界は、さつぱりと美事なるものぞとなり。

若人錬得至㆓這箇道理㆒。一剣平㆓天下㆒とは、若しそれ斯くの如くに修行して、精金を千鍛百錬し尽くして、追取刀〔おっとりだいよう〕に到り得たる解脱の人ならば、漢の高祖が、剣一つを以て天下を平けられし如きことあらんとなり。

学㆑之者莫㆓軽忽㆒とは、此の剣の妙理を学する者は、たやすく麤《そ》相《そう》なる観念をすることなく、高く精彩を励まし、切に工夫を着けて片時も怠ること莫れとなり。

【現代語訳】

大用現前《たいゆうげんぜん》、規則を存せず。順行《じゅんぎょう》、逆行《ぎゃくぎょう》、天も測る無し。是れ什麼《なん》の道理ぞ。古人云《いわ》く、家に白沢《はくたく》の図《ず》無く、是《かく》の如き妖怪《ようかい》無し。若《も》し人、錬得《れんとく》して這箇《しゃこ》の道理に至らば、一剣、天下を平らぐ。之《これ》を学ぶ者、軽忽《きょうこつ》すること莫《なか》れ。

「大用現前[52]、規則を存せず」とは、かの別伝の法のすばらしい働きが、現実に動きだすなら、自由自在であって、規則はないも同然である。この大用は、世界中、すみからすみまで行きわたって、兎《う》の毛ほどもはずれないゆえ、大用という。規則とは、掟《おきて》、法則である。かような、物をはめこむ鋳型のような規範法則は、大用現前の場には存在しないというのだ。

「順行、逆行、天も測る無し」(53)とは、この大用現前の人は、常道にしたがって行おうと、あるいは常道に逆らって行おうと、自由自在であって支障がない。このところを、天もはかり知ることができぬというのだ。

「是れ什麼の道理ぞ」(54)とは、一体どんな道理か、と問い迫る言葉である。

「古人云く、家に白沢の図無く、是の如き妖怪無し」とは、前の問いかけへの答えである。白沢とは、体は牛に似、首は人に似るという無気味な伝説上の動物。これが夢を食い、わざわいを食うというので、中国ではこの図絵を門に押しつけ、家の柱に張りつけるのだ。つまり、家のわざわいを避けようとする方法である。しかし、初めから妖怪を信じない者は、白沢を描いて張りつけようとは思いもしない。

要するに、順逆自由にはたらくことのできる者は、天ですら、その心中を推測しえないから、一切の苦楽を超えて、身にも家にもわざわいがないので、白沢の図に心をひかれることもなく、その境涯は、さらりと徹底しているという。

「若し人、錬得して這箇の道理に至らば、一剣、天下を平らぐ」とは、もしこのように修行を積んで、純粋な金属を鍛錬に鍛錬しつくして、追取刀《おつとりがたな》(55)に仕立てあげるように、解脱自在を得た人ならば、漢の高祖が、剣一つで天下を平らげた(56)ようなこともできよう、というのだ。

「之を学ぶ者、軽忽すること莫れ」。この剣の妙理を学ぼうとする者は、容易に粗忽《そこつ》な考えをもつことなく、高く精錬を重ね、ひとえに工夫を続けて瞬時も怠ってはならぬ、というのである。

(52) **大用現前**　大悟した禅者が自由自在のはたらきを現す場合には、一定の方式はない。「大用現前、不存軌則」(『碧巌録』第三則)。

(53) **順行、逆行…**　戒律にかなった振舞と、これにさからう行い。六祖慧能の法を嗣いだ永嘉《ようか》玄覚の『証道歌』に、「逆行順行、天も測ること莫し」の語がある。

(54) **白沢**　神獣の名。『三才図会、鳥獣、白沢』に白沢の図がある。

(55) **追取刀**　急な場合に、腰に差す間もなく、すばやく手に取る刀。

(56) **漢の高祖が…**　「高祖は「三尺の剣をひっさげて天下を取ったのは朕である」と申され……」(『史記』高祖本紀第八)、「……高祖は「わしは庶民をもって三尺の剣をひっさげ天下を取った。これは天命ではないか。命は天にあるのであって……」と言い……」(同、韓長孺列伝第四十八)。

玲瓏集

一、命ほと尤可レ惜物はなし。

高も賤も、各命長からざれは、本意を遂ることなし。千々の財宝をすてゝも、命はかふべき物なり。然るに命は依レ義軽しといへば、又尤重ふせん物は義也。尤惜むべき物も命也。然るに此可レ惜命をすてゝ、義を立る時は、義ほど貴き物はなし。熟《つらつら》世間を見るに、かる〳〵と命をすつる者多し。然れとも依レ義死する者、千人に一人もあらんか。一向に賤き下郎の内には、却て多かるべし。智あらん人、義に死する事難かるべしと独言を云て、永日を消する折節、さる人来り、語りけるやうは、財宝は尤惜き物なから、命ありての上の財宝なれは、誠の時は財宝を捨て命を全ふす。かほと重き命を、又義の為にやすく人のすてぬるを思へは、命よりも人の重する物は義也。欲と命と義との三の内、尤も人の重くする物は、義ならすやと云へり。予こゝに於て、有二差別説話一。欲命義此の三の内、可二尤重一者義也といはゝ、理の当然也。欲命義此の三の内、人皆尤重レ義と云は、不二相当一。只欲命を重うして、義を思ふ者なし。時に某人云へることあり。財も命あっての財也。命なき時は、財も無用、只命一つ也。然るに命を軽く義にすつる者多しと云へり。我云く、誰か能く為レ義軽レ命そや。某人云、人に雑言いはれて、こらへす、互に忽に命をすつる者世に多し。是れ義を思て命を軽ふするなり。財と命と共に義にかへて死する也。又臨二戦場一うち死する者いくばく其数をしらず。皆是れ義に死する者也。是を思へは、人皆欲命よりも義を重くする也と云へり。我曰、人に雑言いはれて、口惜とて死する者は、義に似たれとも義にあらす。一旦の怒に忘レ身者也。一向に義にあらす、怒と名つく、義とは名付けす。人に雑言せられさる先に、義たかふ故に、雑言をうくる也。人と交りて義たゝしければ、人雑言せす。人の雑言を我身にうくるは、雑言已前に、我義を失ふとしるべし。

義と云ふ事甚大切なり。義と云ふは、其体を云へは天理也。人の身にうけて性と云ふ。或は徳と名け、或は道と名け、或は仁と名け、或は義と名け、或は礼と名く。其座によりて字かはり、其用異なれとも、体は只一也。仁の字に書て仁座にある時は、其用博愛也。又義の字に書かへて、義の座敷にては、其用、成敗分明に是非不レ違也。死しても、死の道理に当らされは非レ義。然るを死すれは義也と思へり。義は人の中心の邪なき体として、其中心の直なる物を縄墨とすれは、万《よろ》つ作す所の義也。中心を以てせすして、欲を以て死する者、義の死にあらす。右に云ふ所の義に死する者、千人に一人あらんかと云ふ者は、我主を取りてより、肩にきる物、腰に帯る物、足に踏む物、乗物、馬、物の具、一つとして主の恩にあらすと云ふ物なし。其眷属妻子家子多少、其のはこくみ、一つとして主の恩にあらすと云ふことなし。此恩を深く思ふ者、為レ主臨二一戦一一命をすつ、是れ義を以て死する者也。己か名の為にてもなし。高名して知行所領を取らんとの心にてもなし。得レ恩報レ恩、中心の誠也。如レ此死する者は、千人に一人あるへきか有るまじきか。千人に一人あれは、十万人に百人なり。何事もある時は、十万の人数はあるべし。百人の義者はありかたし。いつとても国の乱あらんに、五千七千も死人あるべし。敵と打あふて高名をし、又は念なく打死する者あり。是れ皆義に似たれとも、多くは義にあらす。名利の二なり。高名せんと思ふ一つ、高名したる後、所領を取り、立身せんと思ふ一つ也。仕得て名を取り、立身するもあり。打死する者もあり。又老武者の、いつまて世にはありはつべき、此度高名して老後の名を子孫に残し、若し死せすして高名せは、名と利と共に子孫の家に残すべしとて、一命を軽くする者、此等の類、悉皆名利の二つ、欲より出てたる血気の死なり、義に非す。或は又身に於て忝き主の一言を蒙りて、一命を奉る者、是は又義死也。義は尤も重くせん物なれとも、義を重ふする者なし。故に欲に命をすて、又命を惜て恥をあらはす者、皆生きても死ても、義を軽する類也。程嬰杵臼共に義に死する者也。伯夷叔斉は臣として君を殺すことを歎く、是れ又思レ義人也。終に首陽の下に餓死す。如レ此の人を求るに、古も其数多からす。まして今の無道の世に、欲命を軽くすてゝ、義を重くする者あらじ。只こと〳〵く欲に身をすて、又恥にかへて命を惜む。皆義は毛頭不レ存者也。人皆義を思ひかほなり。真に義を思ふ者あるべからす。愚痴故に人に狼藉をしかけぬれは、人是をこらへす雑言を吐く。此雑言口惜とて命をすつ。是れ不義の人にして又欲なり。人には狼藉して、我は雑言うくましきと思ふは欲也。たとへは人に石をやりて、人から黄金をくれる同心せう、石をくわは、人のつら、きらうと怒りたるほどの事也。人に金玉の言をあたへたらは、金玉の言をかへすべきに、人に悪言をあたへて、悪言をかへさは、つら切て我も死なんとするは欲也。不義也。愚之至也。又武士たる者、皆主を持て、主の為に死なん命を口論に死する者、是非を分たすして、先つ不義の者也。

欲と云ふ、只財宝に付て、金銀所望に思てのみ、欲と云ふに非す。眼に色を見るも欲也。耳に声を聞くも欲也。鼻に香を齅《か》くも欲也。一念わづかにきざすも是を欲と名づく。此身は欲を堅めて、作り出せる物也。人皆欲につよき事尤道理也。欲を以て堅め作りたる身の内に、無欲の性こもりてあれども、常に血気にかくされて、徳を外へ播しかたし。此性しかも不レ守レ一。外の万事に応する故に、外の六欲にひかれて、欲におつる也。此身は、色受想行識の五蘊《ごうん》也。色とは、此色体を云ひ、受とは、此の色体あれは、善悪是非、悲歓苦楽を受るを云ふ。想とは願ひ思の義也。悪を嫌ひ、善を願ひ、悲を去り、歓を願ひ、苦を除き、楽を願ひ思ふを想と云ふ。行とは、上件の受想を取て身に行ふ也。苦を嫌ひ楽事を行し、悪をきらひ、我身によきことを行するを云ふ也。識とは、上件の受想行の善悪是非、苦楽悲歓の事を分別して、悪を悪とし、善を善とし、苦を苦とし、楽を楽と分別するを云ふ。此識、依怙《えこ》分別する故に、醜を嫌ひ、美に就く也。着する所に随て此色体をうくる也。此色体ある故に受蘊あり。受蘊ある故に想蘊あり。想蘊ある故に行蘊あり。行蘊ある故に識蘊あり。此識の故に、善悪、是非、醜美を分別して、取捨の念起り、念の起る所に色体を生すること、日月のにはたつみにうつるか如し。応レ物現レ形、如二水中月一と、仏とける也。色受想行識と、識より色に、かへり〳〵つゝむれは、五蘊のふれは十二因縁の流転より、此の身を受けたれは、一念の識よりはじまれり。識は即ち欲也。此欲此識が、此五蘊の身を生起する故に、全体此身は欲にて堅めたる物なれは、髪の毛一筋ひけとも欲念起り、指のさきにさはるも欲念即ち起る。足の爪さきに触れとも欲念即ち起る。是れ全体欲を以て堅めたる身なれは也。

此欲を堅めたる身の内に、一向無欲正直なる中心がかくれ居る也。此心は、色受想行識の五蘊の身にあらずして、色形もなけれは、欲と云ふ事もなし。中正にして直なる物也。此心を縄墨にして、一切の事をなす時、皆義也。此中直の物、即ち義の体なり。義は外へあらはれたる所作の上に、かりにするゑたる名なり。仁と云ふも、此中直の物なり。博愛を用とす。体をさして仁と云ひ、博愛の上に、かりに立てたる名也。仁義礼智一体異名也。是中心也としるべし。故に夫子の道は忠恕也と云へり。忠は即ち中心也。恕は如心也。中心而如心なれは、万に一も悪事なし。如レ此云ふとても、心を悟徹せさらん人は、百日説ても、百日聞ても、得道あるべからす。我我如レ此云ふ事、人いなと云はゝ、儒書説く人、聞く人の心中行跡を見るべし。仏書を説く人、聞く人も同し。独り儒を謗《そし》るにあらす。心を悟徹し見性せさらん人、懸河の弁あり共、頼もしからす。以二其行跡一我早可レ知レ之。或人一不審して云ふ。見るも欲、聞くも欲、一念わつかに起るも、皆欲ならは、如何にして義を遂くべきぞや。一念のこらすは、岩木の如くなるべし。岩木にしては、主の為に義をいたすこともなるべからず。此心念をからずんば難レ成と云ふ。我云ふ、尤も此不審なるべし。夫心は無念なる故に、右へ走らす、左へ走らす、上につかす、下へつかす、中直なる者也。纔《わずか》に一念起ると、左右に走り、上下へつき、己か欲する処へつく。故に欲と云へり。中正の徳かくれたる物也。然れとも、此欲をからざれは、善悪共に其事をなすべき様なし。人の淵に、はまりたるを引きあげんと思ふ心ありても、手なけれは引き上る事ならず。人を淵に推落さんとする心あれとも、手なけれは推落することならす。如レ此に物を成するも敗るにも、其成す手、敗る手のまゝにすれは、成敗ともにひが事あり。欲念の力をかりて物を成し、物を敗るも、中正の直心を縄墨となし、直心の縄墨をあてゝ、さて成敗することは、欲念の力あり。此縄墨に、はずれさるをは、欲念と名付けず。即ち義と名付く。義なれは即ち徳也。たとへは中心を車にして、念力をのせて、可レ敗処へ推やりて敗り、可レ成処へ推やりて成し、成すにも、敗るにも、中心の車の直なるに任せて成敗すれは、成敗ともに義にあたる。欲念を離れて岩木の如くにては、万事を作す事ならざる也、欲をはなれすして、無欲の義に叶《かな》ふは道也。

【現代語訳】

一、生命《いのち》ほど大切なものはない。

身分の高い者も、低い者も、長生きしなくては、その志を遂げることができない。巨万の資財を投じてでも、長生きは買わなくてはならぬ。ところが、その生命さえも義に比べたら軽いというのだから、最も大切なものは義だとしなくてはならない。(1)

最も惜しむべきものは生命である。ところが、この惜しむべき生命を捨てても、義を立てなくてはならぬ場合には、義ほど貴いものはない。

つくづく世の中を見ると、かるがるしく生命を捨てる人が多い。しかし義のために死ぬ者は、千人に一人もいるだろうか。まったく身分の低くて、人に使われる人のなかに、かえって義のために死ぬ人が多いようである。

知識・教養のある人の方が、義のために死ぬことはむずかしかろう、などと独り言をいって、日永《ひなが》をすごしている折から、ある人が来ていうのに、

「財宝はまことに大切なものではあるが、生命あっての財宝なのだから、まさかの時には、財宝を捨てても生命を全うするのは当然である。これほどに大切な生命も、義のためには、たやすく捨てるのが人間だとするると、生命よりも人は義を重んずるのだ、ということになる。(2)欲と生命と義との三つのうち、人はやはり義をいちばん重く見ているのではないか」

と。

私はここで、こういう関係の話をした。

「欲と生命と義と、この三つのうち、最も重んずべきものは義だといえば、これは理の当然である。しかし、欲と生命と義の三つのうち、人はみな義を重んじているというなら、それは当たっていない。ただ欲と生命ばかりを大切にして、義を思う者はいないのだ」。

そこで、ある人がいった。

「財産も生命《いのち》あってのものである。生命がなければ財産も用に立たぬ。大切なものは生命ただ一つである。ところがその生命を惜しげもなく義のために捨てる者が多いではないか」。

私はいった。

「一体、誰が義のために生命を軽んじたのか」。

また、ある人はいう、

「人にいろいろ悪口をいわれてこらえきれず、たがいに殺しあって生命を捨てる者が多い。これは義を重んじて生命を軽んずるのである。財産と生命とを義にかえて捨てるのである。また、戦場において討死する者は、数知れない。これはみな、義のために死ぬ者である。それを思うと、人はみな欲や生命よりも義を重んじているわけである」

と。

私はいった。

「人にののしられて、くやしさのあまり死ぬというのは、義に似て義ではない。一時の怒りに身を忘れて、分別を失ったまでのこと、義であるどころか、それは怒りであって、義とはいわない。人にののしられる前に、こちらが義にそむいたために、悪くいわれるのだ。人との付き合いのなかで、義を立てていれば、人が悪くいうはずがない。人にそしられるのは、それ以前に、自分が義を失っていたと知るべきである」。

義はまことに大切なものである。

義の本質は、(3)天の理である。これを人の身にうけて性《せい》という。あるいは徳といい、道といい、仁と呼び、義と名づけ、礼と名づける。時と場合によって呼び名が変わり、はたらきも違うが、本質はただ一つである。

これが仁と呼ばれて、人との間柄にあるときは、そのはたらきは博愛である。また義と書きかえて、人と人との道理の位置にある(4)場合は、そのはたらきは明晰な判断として是非を誤らぬのである。たとえ死んでも、死の道理に合っていなければ、義ではない。ところが、人は死にさえすれば義だと思っている。

義は人の中心のまっすぐな体として、このまっすぐな中心を規準とするならば、そこから生まれるすべての行いが義である。

中心を貫く義によらず、欲のために死ぬのは、義の死ではない。右にいう本当の義に死ぬ者は、千人に一人もあるだろうか。

考えてみると、自分が主に仕えて以来、身にまとう物、腰に差す物、足に履く物から乗り物、馬、鎧《よろい》に至るまで、一つとして主君の恩によらぬものはない。その親族、妻子、家来たち、その養育など、一つとして主君の恩でないものはない。この恩を深く思って、主君のために戦場に臨んで生命を捨てる、これは義のために死ぬ者である。

これは自分の名誉のためではない。功名をあげて、扶持《ふち》(5)・領地を得ようというのでもない。ただ、恩を受けてその恩に報いようとする、心からの誠である。

こういう死に方をする者が、千人に一人いるかいないか。千人に一人いれば、十万人に百人である。何事かあったときには、十万の人数があろう。しかしそのなかには、百人の義の者もおぼつかない。

いつの時代でも、国が内乱となれば、五千人、七千人の死者が出るであろう。そこには、敵と討ち合って功名をたてる者もあり、またどういうこともなく討死(6)する者もある。これらは、義によって死んだようにみえるが、多くは義ではない。名と利の二つである。功名をたてようと思うのが一つ、功名をたてて、あとで領地をもらい、出世しようと思うのが、もう一つである。

仕遂げて名をあげ立身する者もあり、討死してしまう者もある。また年とった武士のなかには、ただいつまでも生きながらえているわけにもゆかぬ、この際、功名をたてて老後の名を子孫に残そう、もし戦死せずに功名をあげれば、名と利を共に子孫に残すことができるとして、一命を軽んずる者など、これらの類《たぐい》、すべてみな名利の二つ、欲から生まれた血気(7)の死であり、義ではない。

なかには、主君から身にあまる言葉をいただいて、一命を捧げる者、これは義のための死である。義は何よりも重んずべきものなのに、義を重んずる者はいない。それゆえ、欲のために生命を捨てる者、生命を惜しんで恥をさらす者、生きても死んでも、義を軽んずることでは変わりがない。

程嬰《ていえい》、杵臼《しょきゅう》(8)は、ともに義のために死んだのだ。伯夷《はくい》、叔斉《しゅくせい》(9)が臣として主君を殺してはならぬと諫《いさ》めたのも、義を思う人だったからである。そのために、ついに首陽山《しゅようざん》で餓死したのである。

かように義のために死んだのは、昔から決して多くはない。まして今日のように、道義不在の時代には、欲や生命を軽んじて、義を重んずる者はあるまい。誰も彼も欲のために生命を捨て、または生命惜しさに恥をさらして生きながらえている。誰もが義を念頭に置いてはいないのだ。

それなのに、人はみな義を重んずる顔つきである。真に義を思っている者はいないのだ。道理に暗いために、人に乱暴をはたらけば、相手はこらえきれずに悪口をいう、この悪口がくやしいといって生命を捨てる、これは不義の人であり、また欲ゆえの死である。

人には乱暴して、自分は悪口をいわれまいと思うのは私欲である。たとえば、人に石をやって、相手が黄金をくれるなら仲間になろう、相手が石を投げたら、その顔を切ってやろうと、怒るようなものである。

人にほめ言葉を述べれば、相手もほめ言葉を返すのが当然なのに、悪口をいって、悪口を返されたら、相手の顔を切って自分も死のうと思うのは欲である。義ではない。愚の骨頂である。

また、武士として、みな主君をもち、主君のためにこそ捨てるべき生命を、口喧嘩で死ぬなど、事の是非もわからず、まず義を知らぬ者というべきである。

欲という場合、これはただ財産や、金銀をほしがることだけを指すのではない。眼が物を見るのも欲によるのである。耳が声を聞くのも欲である。鼻が香をかぐのも欲である。すこしでも何かをしようという思いが芽生えるのも、欲というものである。

この身体は、欲のかたまりとして出来上がったものである。誰でも、欲の強いのは当然のことである。欲をもって固めた身体のうちにも、無欲の本性がひそんでいるけれども、常に血気にかくされて、その働きが外にあらわれにくいのである。しかも、この無欲の本性は守りにくく、外部のあらゆる物事に応ずるために、他の六欲[10]に引きずられて、欲に落ちこむのだ。

我々の身体は、色《しき》・受《じゅ》・想《そう》・行《ぎょう》・識《しき》の五蘊《ごうん》(11)から成っている。
(12)色は、この肉体をいい、受は、この肉体の感受する善悪、是非、悲歓、苦楽などの感覚をいう。
想は、願望の意味である。悪を嫌い善を願い、悲しみを去って歓びを願い、苦を除き楽を願う、その思いを想という。

行とは、先の受と想を身に行うことである。苦しみを嫌って楽しいことを行い、悪を嫌って我が身に善いことをするのをいうのである。

識とは、先の受・想・行の善悪、是非、苦楽、悲歓を分別して、悪を悪と知り、善を善と知り、苦を苦と知り、楽を楽と分別する意識をいう。

この識は、自分本位に分別して、醜を嫌い美を好むのだ。その執着するところにしたがって、動くこの身体《からだ》を受けるのである。

この身体があるから受蘊《じゅうん》(13)があり、受蘊があるから想蘊《そううん》(14)があり、想蘊があるから、これを行う行蘊《ぎょううん》(15)があり、行おうとする行蘊があるから、識蘊《しきうん》(16)がある。

この意識によって、善悪、是非、美醜を分別して、何を取り何を捨てるか(17)の想いが起こり、想いが起こるところ、そこに身体が生成する。それは太陽や月が水たまりに映るようなものである。仏も「物に応じて形を現すこと、水中の月の如し(18)」と説いておられる。

色・受・想・行・識と、識から色へと繰り返す循環をつづめていえば、五蘊の連関は、十二因縁[19]の流転[20]によって、この身を受けたのだから、結局、識から始まるわけである。識はすなわち欲である。この欲、この識がこの五蘊の身を生起させるのだから、この身全体が欲でかたまっているわけである。したがって、髪の毛一筋を引っぱっても、たちまち欲念が起こり、指先にさわってもすぐに欲念が起こり、足の爪先に触れても欲念が起こる、つまり身体全体が欲でかたまっているからである。

この欲でかたまっている身体の中に、まったく無欲正直な中心がかくれている。この心は色・受・想・行・識の五蘊の身ではなくて、色も形もなく、欲というものもなく、中正にしてまっすぐなものである。この心を規準にして、すべての事を行う場合、行うときはみな義にかなっている。この中正にしてまっすぐなものこそ、義の本体・本質である。

義とは、外に現れた行いのうえに、かりに与えた名である。仁というのも、この中正にしてまっすぐなものである。博愛がその用《ゆう》[21]である。体[22]をさして仁といい、博愛に対してかりに与えた名である。仁・義・礼・智はみな同じ物につけられた別の名である。

中心は無欲正直だと知らねばならぬ。それゆえ、夫子《ふうし》[23]の道は忠恕《ちゅうじょ》[24]だといわれている。忠は文字通り中心[25]である。恕《じょ》は文字通り如心[26]である。まごころにして相手と一つの心になれば、どんなことがあっても、悪事はできない。

かようにいうても、心を徹底して悟った人でなければ、百日説いても、百日聞いても、道を体得することはできないだろう。

私たちがこういうのに対して、人が、いや、そうではないといわれるならば、儒教の書を講義する人、それを聞く人の心の中と、その行動を見るがよろしい。仏書を説く人、聞く人も同じである。ただ儒教をそしっているのではない。心を真に悟り、見性《けんしょう》(27)していない人が、どんなに雄弁をふるっても、頼りにはならない。これを、その人の行状から、早く知るがよろしい。

ある人が疑問をのべていった。

「見るのも欲、聞くのも欲、わずかな思いがきざしても、それがみな欲であるなら、一体、どうすれば義を遂げることができよう。一念が凝りかたまるのは、岩か木のようになることだろう。しかし、ただの岩や木では、主のために義を尽くすことはできまい。意志の力をかりなくては義を成しとげることはできまい」

と。

私はいった。

「もっともな疑問である。およそ心は念(28)を離れているゆえ、右へ走らず、左へ走らず、上につかず、下へつかず、かたよらずまっすぐなものである。ところが、わずかに一念が起こると、左右へ走り、上下につき、自分の好きな方へつく。そこで欲というのである。かたよらず正しい心は、表面には現れないのである。しかしながら、この欲をかりなければ、善悪いずれも行動のしようがない。たとえば人が淵に落ちたのを、引き上げようと思う心があっても、手がなければ引き上げることができない。また人を淵に突き落とそうとする心があっても、手がなければ突き落とすことはできない。このように、物事がうまくゆくもゆかぬも、その手の働き次第となれば、成るも敗れるも、道にはずれることがある。何事も欲の力をかりるのだが、成しとげるのも、しくじるのも、まっすぐな中正の心を規範とし、この直心《じきしん》を規準として行動する場合、それは成敗《せいばい》ともに欲念の力である。この規準にはずれない欲は、これを欲念と呼ばず、義という。義はつまり徳である。たとえば、まごころを車にして、これに念力《ねんりき》をのせて、しくじる所へ押していってしくじり、うまくゆく所へ押していってうまくゆく、成功も失敗も、まごころの車の正直にまかせるならば、成敗ともに義にかなっている。欲念を離れて、木石のようになっては、何事もできるものではない。欲を離れないで、しかも無欲の義にかなうのが、道である」と。

（1）義　人のふみ行うべき正しい道。道理。義の実質は、時・処・人によって、具体化する。
（2）欲　欲求、欲望。

（3）**天**　宇宙の主宰者。造化の神。大自然。「天の理」は、万物が生成する自然の道理。人間生まれながらの本性。

（4）**死の道理**　なんのために、どのように死ぬか、という意義・道理。

（5）**扶持**　生活を支えるために、武士に与えられる給与。扶持米《ふちまい》。

（6）**名と利**　名誉と利得。

（7）**血気**　物事に激しやすい意気。向こう見ずの元気。はやり気。

（8）**程嬰、杵臼**　春秋時代、晋《しん》の宰相趙朔《ちょうさく》の家にいた二人の食客。趙一族が悪だくみの臣、屠岸賈《とがんこ》によって皆殺しにされようとしたとき、程嬰は杵臼と相談のうえ、杵臼とその児を犠牲にして殺し、程嬰は趙氏の真の孤児を抱いて山にかくれ、のちこれを趙氏の跡継ぎとした。そして事の経過を杵臼の墓に報告して自殺したという。

（9）**伯夷、叔斉**　殷《いん》時代の処士（民間にいて仕官せぬ人）で兄弟。二人は周の武王が殷の紂王《ちゅうおう》を討とうとしたとき、臣が君を殺すのは許されぬと諫めたが聞き入れられなかった。殷が亡びると、周の粟《ぞく》を食うのを恥じて首陽山にかくれ、わらびを食って、ついに餓死したという。首陽山は、今の山西省永済県の南。

（10）**六欲**　（一）眼・耳・鼻・舌・身・意の六つの感覚器官から生まれるさまざまな欲望。
（二）凡夫が異性に対してもつ六つの欲望。色欲・形貌欲・威儀姿態欲・語言音声欲・細滑欲・人相欲の六つ。

（11）**五蘊**　物質と精神とを、五つの構成要素の集まりの関係でとらえたもの。蘊は集まりの意味。類別された五つの集まり。

(12) **色** 色と形をもつ物質であり、その代表が我々の身体。物質を集まりとみて、色蘊《しきうん》という。

(13) **受蘊** 外の対象からの触発を受け入れる精神作用の群れ。

(14) **想蘊** 表象、想念の集まり。

(15) **行蘊** 受・想以外の意志、衝動的欲求などの集まり。

(16) **識蘊** 識別作用という存在要素の集まり。第六意識をまとめていう。

(17) **水たまり** 原文の「にはたつみ」は、雨が降ったりして地上にたまった水。潦。

(18) **物に…** 仏性が物に応じていたるところに現前するをいう。「仏の真法身はなお虚空の如し、物に応じて形を現ずること、水中の月の如し」(『金光明経』二、四天王品)。

(19) **十二因縁** 人が前世から今世に生まれ、死んでまた来世に生まれるという、三世にわたる流転輪廻の原因を十二の項目に系列だてたもの。宗派・経論によって見方がちがっている。

(20) **流転** 生死・因果が限りなくめぐり続くこと。

(21) **用** はたらき。

(22) **体** 本質、本体。

(23) **夫子** 孔子の敬称。孔は姓、子は尊称、あざなは仲尼《ちゆうじ》、魯《ろ》の人。

(24) **忠恕** まごころをつくすことと、他人を思いやること。思いやり。「夫子《ふうし》の道は忠恕のみ」（『論語』里仁《りじん》）。

(25) **中心** 心の奥底、まこと、まごころ。

(26) **如心** 相手と一如・ひとつの心。

(27) **見性** 我々の本性を見ること。さとり。

(28) **念** 思惟分別。記憶。

一、神に有名の神、無名の神あり。

住吉、玉津島、北野、平野の神と云ふは、有名の神也。只神とばかりいへは、無名の神也。神を崇めうやまひ申すといへは、住吉、玉津島、平野、北野の名を分けす。何れの神にても、敬ひ崇め申也。北野の神を敬ひ申すといへは、平野をばわきになし、平野といへは、北野をはわきになす、と申す也。一神一処に限りて、余所の御神は利生ありともいはす。爰《ここ》の御神ばかりを敬ひ、又爰をすてゝ彼を敬ふ也。神と云ふ事は不レ立一処一神に限る也。是は神と云ふ道たゝす。只いづくにても神と云ふは、神をあがめ申す道立つ也。是を君臣の道に取合て云ふべし。

君とは上一人の御事也。臣とは王臣の事也。已下《いか》の人に君臣なとゝはいはす。今かり用ひて、已下の人の上に申す也。主君にも有名の主、無名の主あるべし。臣下にも、有名の臣、無名の臣あるへし。有名の主といは、、我等か主は松井出羽と申す。我主は山本但馬と申すなどを云ふべし。無名の主と云は、、只主とばかり云うて名いはす。為二臣下一者は、只主とばかり思はゞ、主と云ふ道可レ立。主は又臣とばかり思は、、臣たる道可レ立。古へは賢臣不レ仕二二君一とて、両主を不レ持を臣としけれども、世下りて、あそこ此主を取らひ、結句わたり奉公如レ形もしたる者など、て、手柄に云ふ時節也。主も又気にあはぬなど、て、家を追出し恥辱を与へぬるほどに、君臣主従の道も乱れぬる也。臣たる者余多《あまた》の家々をかそへ奉公すとも、主をは一人と思ふべし。是れ無名の主也。無名なれば、主と云ふ道立つ也。家々をかぞへて奉公すとも、あそこにても主は主、又此にても主也と思はは、主を大切に思ふ事、家はかはるとも、此心かはらすは、主は始終一人と同し。吾か主は松井出羽と云ふが、散々の者也とて、扶持所領を得て、身を立てなから、主と思ふ心もなくして、又他の山本但馬と云ふ主を取りたりとも、其心は身に随て行く程に、いづくにても主と云ふ事をは不レ知ほどに、身を立ることもあるべからす。其にこの主は誰、此にての主は誰と、名をいはすして、只主とばかり思ひ、主への義を思ふべし。然らは一月なりとも、一年なりとも、又は十年なりとも、其はごくみを請て居る間は、主也と思ひ、跡にもなすまじき、影をも踏まじと思ふ心にて奉公せば、家々をは数ふとも、主は一人と同事也。又主たる人も、臣をかへて召使ふとも、臣たる道をかはらすして、愛憐の心深く、新参古参を不レ隔慈悲を加へなは、臣も無名の臣、君も無名の君にして、君臣主従の道可レ立。新参今日臣たりとも、古参十年二十年の者ともへだてなく、愛憐を加て我臣也と可レ思事也。扶持所領の多少はかはるべし。於下加二仁愛一心上者、可レ無レ隔。臣も又今日始て出てたりとも、主と思ふ義は、今日の主と不レ可レ思、是れ君臣の道たるべきか。

【現代語訳】

一、神には名の有る神と、無名の神とがある。住吉《すみよし》、玉津島《たまつしま》、北野《きたの》、平野《ひらの》の神といえば、有名の神である。ただ神とだけいえば、名の知られていない神である。神を崇《あが》め敬いますといえば、住吉、玉津島、平野、北野などと特に名を区別せず、どこの神でも敬い崇めるのである。

北野の神を敬いますといえば、平野の神はわきへおしやられ、平野の神を信ずるといえば、北野はわきへやられることになる。一つの神、一カ所の神に限って、よその神は御利《ごり》益《やく》があるともいわない。ここの神様だけを敬い、または、ここの神を捨て、あちらの神を敬うというわけである。

神という全体を考えず、一カ所の一つの神に限るのでは、神の道は成り立たない。ただどこであれ、神といえば崇め尊んで、そこに神の道が成り立つのである。これを君臣の道にあてはめていってみよう。

君《きみ》とは上一人《かみいちにん》、すなわち天皇のことである。臣とは王臣・天皇の臣のことである。それ以下の人には、君臣などとはいわないのだが、今この言葉をかりて、以下の人についていってみよう。

主君にも有名な主君、名もない主君もあろう。臣下にも有名な臣、無名の臣もあろう。有名な主といえば、「我等の主は松井出羽《まついでわ》と申す」とか、「我が主は山本但馬《たじま》と申す」などというであろう。無名の主の場合は、家来も「主君」というだけで名をいわない。

臣下である者が、主君をただ主君だと思って仕えるなら、主君の道は立つであろう。そして主君の方でも、ただ自分の家来とだけ思うならば、家来の道も立つであろう。

昔は、「賢臣、二君に仕えず」といって、一人の主君を持たないのが、臣の道だとされていた。ところが、世が末になって、あちらこちらの主君に仕え、結局、わたり奉公(29)を型どおりにした者だなどと、手柄顔に話す時世である。

また主君の方でも、気にいらぬなどといって、家から追い出し、家来に恥をかかせたりするために、君臣主従の道も乱れたのである。

およそ臣としては、多くの家々に次々と奉公したとしても、いつも、主君はこの人一人だと思わなくてはならぬ。これは無名の主の場合である。無名であれば、主という道が立つわけである。家々を次々に奉公しても、あそこでも主は主、ここでもこれが主と思うならば、すなわち、家はかわっても主を大切に思うことが変わらなければ、主は初めから終わりまで一人と同じである。

「私の主人は松井出羽といいますが、途方もない人間で……」などというのは、扶持をもらって、暮らしをたてながらも、主君と思う心がないのだから、また次に山本但馬という主人に仕えたとしても、同じ心がそこへついてゆくわけで、どこへ行っても、主人と思う心がないのだから、身を立てることもありえないのだ。

それゆえ、この主人は誰それ、ここの主人は誰などと、名前をいわず、ただ主人、主人と思って、主人への義[30]を思うべきである。そうすれば、一カ月でも、一年でも、または十年であろうとも、その養いを受けている間は、主だと思い定めて、先に立たぬよう、影も踏まぬようにと心がけて奉公するなら、何軒で働こうとも、主君は一人と同じである。

また主人の方でも、家来をとりかえて使っても、家来を家来として、深く愛しいたわって、新入りも古参もわけへだてなく、いつくしんでゆくならば、臣も無名の臣、君も無名の君ということになって、君臣主従の道は立つであろう。今日からの新参者も、十年、二十年の古参の者も、わけへだてなく、愛しいつくしんで、ただ自分の家来だと思うべきである。

給与や領地のちがいは多少あるであろう。しかし、いつくしみ愛する心にわけへだてがあってはならぬ。家来もまた、今日初めて召し抱えられたとしても、主人と思う筋道に、今日の主人だと思ってはならぬ。これこそが君臣の道というものだ。

(29) わたり奉公　あちこちと主人をかえて奉公づとめをしてあるくこと。

(30) 養い　原文の「はごくみ」は、「はぐくみ」（育）に同じ。養育、給与、扶持高《ふちだか》。

一、李太白云。

天地者万物之逆旅。光陰者百代之過客。而浮生若レ夢。為レ歓幾何。古人秉レ燭夜遊。良有レ以也。物とは非情の物のみにあらす、人をも物と云へり。天地の間は、物と人とのゆきかふ旅の宿也。物と人と終にとゝまる事なし。光陰の過ること、旅客の過てとゝまらざるか如し。春夏秋冬と次第に過き行く事、百代もたかふことなし。此身はゆめのごとく、ありと見て、さむれはあともなし。又見るがうちとても、いくばく時ぞや。かるかゆゑに、古人夜をもつて日につぎ、ともし火をかゝけて夜遊する事、ゆゑなきにあらすと也。

こゝにおいて、あやまるへし。あそぶに節あらん、節にあたらんは、あそぶもにくからす。節にあたらすは狂人なり。あそぶ人あやまたす、節を過くべからす。節といへるは、よろづに大かたさだまりたる程ある物なり。竹の節のごとし、あそふにも大かた程あるべし。その程程にすぎなは、よきにあらす。公家は公家のあそび、武家は武家の遊び、出家は出家のあそび、それ〳〵のあそびあるへし。其身に似あはさる遊ひをするを、節にあたらぬといふべし。公家ならは、詩歌管絃なるべし。夜を日につきてにくからす。武家も出家も、其身に相応の遊びは、さもあるべし。出家などはあそふといふ事あるべきにあらす。大か官には針をもいれす、私には車馬を通すと云へは、人の心をとり、世くだりぬれは、大かたの遊ひは、人のゆるすこともあるべし。夜会の忍ひには、詩歌もゆるしあらん。聯句もさもあるべし。下りては、月花に心をかけ、十四五ばかりなる児若衆などいざなひて、花の本、月の前、さびたるさ、へなどたづさへて、少人の盃とりはやしなとするは、いやしからす。小硯短冊箱見へたるも、いやしからす。道心あらん出家などは、これもよしとせず。まして此外の藞苴《らしよ》たる風情をや。公家武家の人々、浮世は夢のごとし、燭をとってよるあそふといふ事尤也。何事も夢ぞ、只あそべとて、無レ限心をうごかし、色にふけり、侈をきはむる事は、さらに古人の言葉を引き用ふといへども、古人の心とは、雪墨のちがひなり。

【現代語訳】

一、李太白(31)がいうている。

「天地は生滅たえない万物の宿屋であり、流れて返らぬ時は永久に過ぎてゆく旅人にもひとしい。そしてこの世は夢のようにはかない。歓《よろこび》をつくすこといかほどの間であろう。古人が燭《あかり》をともして夜も遊んだのは、まことにもっともである(32)」。

物とは、情《こころ》のない物だけをいうのではなく、人をも物といっている。この世界は、物や人が行きかう旅の宿のようなもの、物と人とついにとどまることがない。月日の過ぎゆくこと、旅人が通りすぎてとどまらぬようである。春夏秋冬としだいに過ぎゆくことは、百代の間も変わることがない。この身は夢のようで、あると見えて、覚めてみれば、あとかたもない。そして、夢見る間も、どれほどの時なのか。

だからこそ、昔の人が、夜を日についで、燭火《ともしび》をかかげて夜遊んだのも、理由のないことではない、というのである。

こうなると、間違いが起こるかもしれぬ。遊ぶには節度というものがあろう。節度に合えば、遊ぶのも悪くはない。節度をはずれたなら狂人である。

遊ぶものは、かならず節度を越えてはならぬ。節度といえば、何事によらず、おおよそきまった程合《ほどあ》いというものがある。あの竹の節《ふし》のようなものだ。遊ぶにもおおよその程合いがなくてはならぬ。そのほどほどを越えては、よろしくない。

公家《くげ》には公家の遊び、武士には武士の遊び、出家には出家の遊び、それぞれふさわしい遊びがあるはずだ。

その身にふさわしくない遊びをするのを、節度に合わぬという。公家ならば、詩歌《しいか》(33)管絃(34)がよろしかろう。夜を日についで遊んでも、悪くはない。武家も出家も、その身にふさわしい遊びは、それでよろしかろう。

出家は遊びなどすべきではない。しかし「役所の場では、針ほども通さないが、裏門からは車馬でも通す」(35)というから、人々の心持ちをとりいれ、近頃の時世では、たいていの遊びは、許されることもあるようだ。

夜の人目につかぬ会合では、詩歌に遊ぶことも許され、連句(36)などもみとめられるであろう。さらに一般化しては、月や花に心を寄せ、十四、五歳の少年をさそって、花の下、月の見える所で、風雅な酒壺などたずさえて、少人数で宴を張るなどは、下品ではない。小硯、短冊《たんざく》箱などがあるのも、ゆかしいものである。

道心のある修行僧などは、これさえもみとめない。ましてこれ以外のがさつな遊びはもってのほかである。

公家や武家の人々も、浮世は夢と観じて、燈をともして、夜も遊ぼうとするのも、もっともなことである。だが、すべては夢まぼろしだ、さあ遊べ遊べとばかり、見さかいもなく心をゆさぶって、色事にふけり、ぜいたくをきわめるというのでは、いくら古人の言葉を引き合いにだして振る舞っても、古人の心とは雪と墨ほどのちがいである。

(31) 李太白　七〇一〜七六二。李白。盛唐の大詩人。蜀の人、字は太白。性質奔放で酒を好んだ。

(32) 天地は…　原文「夫れ天地は万物の逆旅《げきりょ》にして、光陰は百代の過客なり。而して浮生《ふせい》、夢の若《ごと》し、歓《かん》を為すこと幾何《いくばく》ぞ、古人燭《しょく》を秉《と》って夜遊ぶ、良《まこと》に以《ゆえ》あるなり」(『古文真宝』後集、序類)。また、古詩に「昼短うして夜の長きを苦しむ、何ぞ燭を秉って遊ばざる」とある。

(33) 詩歌　漢詩と和歌。

(34) 管絃　管楽器と絃楽器による音楽。

(35) 役所の…　唐代の俗諺、「官には針をも容れず、私には車馬を通ず」(『臨済録』)。

(36) 連句　数人で五七五と七七を交互によみ続けて、一編をつくる文芸。

一、一遍上人、紀州由良の興国寺の開山法燈国師にまみへられし時、歌をよみて候と也。

いか、あそばしたるぞと国師とひ給ふ。上人かく「となふれは、仏も我もなかりけり、南無阿弥陀仏の声ばかりして」と被レ申し。国師の曰、下の句何とぞ可レ有と也。其後、熊野に参籠あり、三七日案せられて、又ゆらへ立よられ、かくこそよみて候へと、「となふれは、仏も我もなかりけり、南無阿弥陀仏〳〵」。国師の云く、是にてこそ候へと、ながくうけかはれ候と、古嶽和尚の行巻に書き付られ候。重て御目にかけ申候也。

【現代語訳】

一、一遍上人《いっぺんしょうにん》(37)が、紀州由良《ゆら》の興国寺《こうこくじ》の開山法燈《ほっとう》国師(38)にお会いになった折、「歌を詠みました」といわれた。

「どのようなのです」と国師がたずねられた。

上人は、「となうれば、仏も我もなかりけり、南無阿弥陀仏の声ばかりして」と申された。

国師は、「下の句を、何とか工夫されたらどうか」といわれた。

その後、上人は熊野に籠《こも》って、三七、二十一日、工夫されて、また由良に立ちよられ、「このように詠みました」といわれた、「となうれば、仏も我もなかりけり、南無阿弥陀仏、南無阿弥陀仏」。

国師は、「これです。これです」と、何度もうなずかれたと、古嶽《こがく》和尚(39)の行状記にしてあります。それを重ねてお目にかけましょう。

(37) 一遍上人　一二三九〜八九。鎌倉中期の僧。諱《いみな》は智真。伊予の人。比叡山に学ぶ。のちに法然門下の浄土教を学び、名を一遍と改めた。空也上人の踊念仏を民衆にすすめ諸国を巡歴した。遊行《ゆぎょう》上人、捨聖《すてひじり》などとよばれた。時宗の開祖。

(38) 法燈国師　一二〇七〜九八。鎌倉時代の禅僧。諱は覚心、心地《しんち》房《ぼう》と号した。信濃の人。建長元年（一二四九）、宋に渡り、無門慧開《えかい》の法をついで帰朝し、由良の興国寺を本拠として、度々京都にも出た。後醍醐天皇から法燈円明《えんみょう》国師とおくり名された。『法燈国師法語』などがある。

(39) 古嶽　臨済宗の僧。諱は宗亘《そうこう》。近江の人。初め建仁寺に学んだが、のち大徳寺の実伝の法をついだ。大徳寺に住し、山内に大仙院をはじめた。のち後奈良天皇に召されて禅要を説いた。

一、十如是弁。

如是相、如是性、如是体、如是力、如是作、如是因、如是縁、如是果、如是報、如是本末究竟等。十界。地獄、餓鬼、畜生、修羅、人界、天界、声聞、縁覚、菩薩、仏界、十如是は、かくの如くと云ふ也。凡そ地獄、餓鬼、畜生、修羅、人天より、声聞、縁覚、菩薩、仏の十界、各この十如是を具足する也。

凡生るれは、相なくて不レ叶、是を相如是と云ふ。その相まち〳〵にかはるといへとも、相にあづかる事おなし。相かはれは、なく音までかはりて、時鳥はほとゝきすのなきをなし、うくひすは鶯の鳴をなすなり。おの〳〵その相をいはむ為に、なく音まで、かはるすかたかな。山ほとゝきす、谷の鶯と、歌にもよむなり。なく音さへ、すがたかはれは、かはるとはきく可らす。歌はあとさき品のよきやうにいひなして、言葉の前後は、義理に合ふてしる物なり。

相あれは、物ごとに性といふ事をふくむなり。仏性はおなしけれとも、相はうくるにしたかつてかはるなり。一切衆生悉有二仏性一とて、地獄、餓鬼、畜生とても、仏性にかはる事なく、おの〳〵うくる程に、経文にもかくのことく説けり。座のまはりに、かずのかゝみをかけまはして、中に一燈をおけは、かゝみことに、燈が一つづゝ見ゆるなり。燈はひとつにて、かがみごとにうつるを、仏性はたゞ一にて、一切衆生十界鬼畜まで、みなうくるにたとへていへり。華厳に鏡燈のたとへあり。

体とは、法体の事なり。万に体用といふ事はあるなり。相は体から出て、その相またきはまりぬれは、やふれはてぬれとも、体はつくる事なし。雪や氷は用にて、水は体なり。水結ひて氷となれは、又とけて、もとの水となる。水を体とす。これを法体より万の相をいだして、相つくるとき、体のあらはるゝに、たとへ侍る。凡夫は相より外見る事を得ず。体をは得見ざりけり。されは出たる時、あらはれたると云ふ。さとりには体にかへりて、目に見えぬ所を、あらはれたりといふなり。峰の雪、深山の氷うちとけて、ふもとにさはく春の水を、体によみ侍る。

相性体を具してあれは、力といふ事なくて不レ叶ものなり。力といふは、功能為力とて、万に物をなすを、ちからと云なり。それそれの上に、功をなすは力なり。夏山に木々の葉の青々とあるが中にも、常盤の松のみさをは、取分けて、それとしらること、よみける心は、時雨にも霜にも色をあらためすして、歳寒の操を持たるを、力如是に云ひなしてよみ侍る。

作とは、力ある故に、おの〳〵そのわざをなすなり。けふ一字まなび、あす一字まなび、たゆますしてなさは、いかなる事もなしつべし。千里の道も一歩より起るといふがことしとよみて、作の心をあらはし侍る。

因とは、右の相性体力作を具しぬれは、何事をなさんとも、我儘なり。なさざるは身のとがなり。なさばなぞなさゞらん。されは因縁なくして、仏果にいたるへきやうなし。たとへは因とは、よると云ふ字也。その事によつて、しか〳〵の事を得る義也。春、物の実を土に種るを因といふなり。すてに植るといへども、雨露のたすけなけれは、生長せぬなり。雨露のたすけを縁と云ふなり。雨露のたすけによりて生長して、秋実の事を果といふなり。「おもひそめて、さしもおかれぬ心とて、ちつかの後をたのむ錦木」と、よみ侍る心は、錦木をたつるは、夫婦とならん因なり。

それにまた媒の縁などありけるを、縁といひ、終に夫婦となり、子を持ちさかふるを、果とたとへていへるなり。そのごとく、仏にならんととくは、まつ因をなさすして、仏果には到られさる也。因を修して、後に果を得るなり。果に菓といふ心あり。春植る因により、秋菓を得、是を仏果にたとふるなり。縁、右の註に見え侍る。「出船は、わたのみさきを過なまし、追手に成ぬ武庫の山風」。舟は因なり、風は縁なり。むかひの岸にいたるは果也。ふねなくして、岸にいたられぬなり。舟あれども、風の縁なけれはならぬ也。これを因縁和合と云ふ也。武庫の山風を縁によみ侍る。仏にならんも、因を修せすしては不㆑成也。

果、「植てこそ、なるをも見つれ幹のつまに、かたへさしおほふ生の浦梨」。これは果なり。仏果を得るといふは、梨の木を植て、なふなりたるを見るかことくなり。生の浦に、かたへさしおほひなる梨の、なりもならすも、ねてかたらはむといふ本歌あり。生の浦は伊勢也。

報、「まちて見む、さのみに人のつらくとも、恋せざらめやおもひしるべく」とも、恋の歌によみ侍る。我に人のさのみつらくとも、そなたの恋せずしてはよもあらじ。おもひしるべく恋をやがてめされむ。その時むくいをしり給ふへきとなり。報といふ事、よき事を此世にてすれは、来世にはよき事がむくい、悪事をすれは、あしき事がむくう。善因によりて善果を得、悪因によりて悪果を得る事、ひびきの声に応し、かげのかたちにそふがごとし。一世の内に修したる因か、一世の後に果を得る、勿論なり。現在因、現在果也。過去因、現在果、又現在因、未来果、前後遅速のがるべからす。因果同時ともいへり。花を因にたとへ、実を果にたとふ。瓜などは、花と実と一度に生る。稲なとは実生して、実の上に花がさくぞ。かやうの事もたとへに取り侍るなり。

本末究竟等とは、はしめの相如是より、報如是を終にして、本末たかはす、くるり〳〵とめぐりぬる本末を、十めに云ふなり。究竟とは、きはまり竟る所をいふなり。十界の事はいふに及はす。いきとし生るむしけらまでも、みな此十如是を具せすといふ事なし。非情もかはる事なし。

【現代語訳】

一、十如是《じゅうにょぜ》(40)について述べよう。

如是相《そう》、如是性《しょう》、如是体《たい》、如是力《りき》、如是作《さ》、如是因《いん》、如是縁《えん》、如是果《か》、如是報《ほう》、如是本《ほん》末究竟等《まつくきょうとう》がこれである。

十界(41)とよばれる地獄、餓鬼、畜生、修羅《しゅら》、人界《にんがい》、天界《てんがい》、声聞《しょうもん》、縁覚《えんがく》、菩薩《ぼさつ》、仏界《ぶっかい》を、それぞれ十如是はこのようだと、実相を説くのである。およそ地獄、餓鬼、畜生、修羅、人界、天界という迷いの世界と、声聞、縁覚、菩薩、仏の悟りの世界と、あわせて十界も、それぞれこの十如是を具えているのである。

およそ生物が生まれてくるには、相《そう》、すなわち姿、形がなくてはならない。これを相是《そうかく》の如し・相如是《そうにょぜ》という。その相状《すがたかたち》は千差万別だが、相である点では同じである。相が変われば、その鳴く声も違って、時鳥《ほととぎす》は時鳥の鳴き声、鶯《うぐいす》は鶯の鳴き声をする。

それぞれに、その相を表すために、鳴き声まで変わるので、山ほととぎすとか、谷の鶯などと、歌にも詠むのである。しかし、鳴き声まで、姿が変われば、変わるのだ、とうけとってはならない。歌は、前後を気品よくまとめているゆえ、言葉の文脈は、道理にあわせて会得するのである。

相、すなわちかたちある物は、すべて内に本性《ほんしょう》[42]を含んでいる。[43]仏性は平等であるが、姿、形はそれぞれ受ける物によって違うのだ。

すべて生きとし生けるものは、ことごとく仏性を具えている、というように、地獄、餓鬼、畜生に生まれても、変わりない仏性をそれぞれ受けているので、経文にもかように説いてあるのである。

座席の周りに数々の鏡をかけめぐらして、中心に燈《あかり》を一つ置くと、どの鏡にも、燈が一つずつ見える。燈は一つだが、それぞれの鏡に燈が映る。仏性もただ一つだが、それをすべての生き物、[44]十界の鬼、畜生までが受けていることをたとえていったのである。華厳経に、鏡燈《きょうとう》のたとえがある。

体とは法体《ほったい》(45)、物そのもの、万有の本体である。何事にも体《たい》と用《ゆう》、本質と作用《はたらき》ということがある。相は本体から現れて、行きつくところまで行けば、なくなってしまうが、本体はなくなることがない。

雪や氷は用、水は体だといえよう。水が凍って氷となり、またとけて水にもどる。水を体とみなすのである。

これは、本体から、さまざまな相を現すが、相がなくなると、本体が現れることに、たとえたのである。

世間一般の人間は、外に現れた相しか見ることができず、本体は見ることができない。だから、相が外に出たときに、現れたという。しかし悟りでは、本体に帰って、目に見えぬ所を、現れたというのである。

「峰の雪や深山《みやま》の氷がとけて、麓《ふもと》に音をたてて春の水が流れている」

とは、水の体を詠んだのです。

相と性と体を具えていても、力《りき》ということがなくてはならない。力というのは、能《はたら》きをする力ということ、すべての物事をする能力をいう。それぞれのうえに、能きをするのは力である。

夏山に木々の葉が青々と茂るなかで、年中変わらぬ松の緑のとりわけ目だつのを歌にするのは、時雨《しぐれ》にも霜にも色を変えぬこと、冬の寒さにめげぬ操《みさお》を持つとみて、これを力如《りきによ》是《ぜ》とみなして詠んだのです。

作《さ》とは、力《りき》があるから、それによって、おのおの働くことをいう。今日一字を学び、明日一字を学ぶというように、たゆむことなく学べば、どのような事もなしとげることができよう。「千里の道も一歩から始まる」というようなものだと詠んで、作の心を表したのです。

因とは、右の相、性、体、力、作のすべてを具えていれば、何事をするのも自由である、そこが因である。それをしないのは、自分の欠点である。やればやれぬことはない。だから因縁がなくては、仏果《ぶつか》すなわち悟りにいたる道がないのです。

因とは、因《よ》るという字である。その事に因って、これこれの事を得るという意味です。春、種子を土に蒔《ま》くことを因という。植えたからといって、雨露《あめつゆ》の助けがなければ、芽生え、生長することがない。雨露の助けを縁という。雨露の助けによって生長して、秋に実ることを果というのである。

「おもひそめて、さしもおかれぬ心とて、ちつかの後をたのむ錦木《にしきぎ》」(46)(思いそめて、どうにもならぬ心を、錦木を千束《たば》立てても結ばれたい思いである)と詠んでいる心は、錦木を立てるのは、夫婦になろうとする因とみるのである。そのうえ、仲介する条件があるのを縁といい、ついに結婚して、子供をもち栄えるのを、果にたとえていったのである。(47)

このように、仏になろうとするには、まず因を行わなくては、仏果には到達できない。

修行という因を積んで、後に果としての覚《さとり》を得るのである。春に植えるという因によって、秋の実果には、菓、すなわち木の実という意味がある。これを仏果、仏の覚にたとえるのです。りを得る、これを仏果、仏の覚にたとえるのです。

縁は右の註に見えています。

「出船《いでぶね》は、わたのみさきを過《すぎ》なまし、追手《おいて》に成《なり》ぬ武庫《むこ》(48)の山風」(港を出た船は、もう和田の岬《みさき》(49)を過ぎたことであろう、武庫の山風が、追手となって)

舟は因であり、風は縁である。向こう岸に着くのは果といえよう。舟がなくては向こう岸に着くことはできぬ。舟があっても、風の縁がなければ、やはり着くことはできない。これを因縁和合という。武庫の山風を縁とみなして詠んでいます。仏になるにも、因の修行なしには、事は成らないのです。

果。

「植《うえ》てこそ、なるをも見つれ幹のつまに、かたへさしおほふ生《いき》の浦梨《うらなし》」(植えておけばこそ、生の浦の、梨の木の繁りあった枝の先に、実がなるのを見ることができるのだ)

これが果である。

仏果を得るということは、梨の木を植えて、実がなったのを見るようなものである。

「生の浦に、かたへさしおほひなる梨の、なりもならすも、ねてかたらはむ」(生の浦に、枝葉が生い繁った梨の、実がなるもならぬのも、ともかく寝てちぎりを結ぼうではないか)という本歌《ほんか》(50)がある。生の浦は、伊勢のことである。

報《ほう》。

「まちて見む、さのみに人のつらくとも、恋せざらめやおもひしるべく」(待ってみよう、そのように辛《つら》くあたるあなたも、恋をしてみれば、私の気持ちを思い知られるだろうから)と、恋の歌に詠んでいます。

私にあなたがそんなにすげなくしようとも、あなたも、まさか恋をしないですむことはあるまい、その恋をしたとき、あなたが私になさった仕打ちがどんなであったか、そのときのむくいを知られるでしょう、というのである。

報《むくい》ということは、この世でよいことをすれば、来世によい報いがくるし、悪いことをすれば、悪いむくいがくる。善因によって善果を得、悪因によって悪果を得ること、響きが声に応じ、影が形によりそうようなものである。

一生のうちに行った因が、その一生が終わったのちに果を得ることは当然である。

現在の因が現在の果となり、過去の因が現在の果となり、さらに現在の因が未来の果となるというように、前世、後世にわたって、遅かれ早かれ、のがれることはできない。また、因と果とは同時だともいわれる。

花を因にたとえ、実《み》を果にたとえた場合、瓜などは、花が咲いているとき、すでに実もできている。稲などは、実った穂の上に花が咲くこともある。こうしたことを、たとえにとったのです。

本末究竟等《ほんまつくきようとう》とは、初めの相如是から、終わりの報如是までの本末が、前後の序列をたがえず、くるりくるりとめぐる本末の、十回目をいうのである。

究竟とは、究《きわ》め竟《きわ》めて、その究極の所をいう。十界の事はいうまでもない。すべて生きとし生けるもの、虫けらにいたるまで、この十如是を具えていないものはない。生命のない物も変わることがない。

(40) **十如是** すべてのものが十あるがまま(如是)のしかたで生起し存在するという見方。

(41) **十界** 中国の天台教学でいわれる十界。迷界としての地獄・餓鬼・畜生・修羅・人間・天上の六趣(六道)と、悟界としての声聞《しょうもん》・縁覚《えんがく》・菩薩・仏の四聖をさす。

(42) **本性** 変わることのない、本来固有のすがた。本体。

(43) **仏性** 仏としての本性。仏たる本質。基本的、普遍的な人間性。

(44) **鏡燈のたとえ** 華厳宗の第三祖賢首《けんじゆ》大師、法蔵(六四三〜七一二)が、唐の則天武后に縁起の重々無尽の趣旨をわからせるために用いたたとえ。十の鏡を八隅と上下に置き、中央に仏像を置いて、燈をもやしてこれを照らすと、それぞれの鏡に像が現れ、それらがたがいに反映し合った。沢庵の「謫居千首」のうち「釈教二十首」にここにみられる歌がある。たとえば如是性に「かずかずの鏡にうつる影見せてたくはひとつの法の燈」(全集巻二)。

(45) **法体** 法自体、物そのもの、存在の本体。

(46) **錦木**　にしきぎ科の落葉灌木。初夏、帯黄緑色の小花を多数開き、晩秋果実が裂けて橙紅色の種子をあらわす。紅葉が美しい。東北地方の古い習俗に、男が女に逢いたいとき、相手の家の門に錦木を立てたという。女がそれに応じようと思えば、これを家の中へ入れる。入れてもらえないと、男はさらに錦木を立てる。これを千束まで加えていったという。

(47) **仏果**　仏道修行の結果、到達されるさとり(覚)。

(48) **武庫**　武庫川。兵庫県東部に発し、中流が武庫峡の峡谷をつくり、武庫平野を南流して、大阪湾に注ぐ。

(49) **和田の岬**　神戸市兵庫区南部にある岬。

(50) **本歌**　つくりかえ歌に対して、そのもとの歌。もとうた。本歌取りとは、先人のつくった和歌、連歌の言葉や趣向を借りて、和歌や連歌をつくること。

一、栗柿の実をもつてたとへ候。

いたみ、かなしみなしとは、人から見申したる分別にて候。かれが上には、いたみかなしみも、自然とそなはり候とみえ候。草木のいたみたる風情、人のいたみうれふる気色にかはる事なし。或は水をそゝきなどするときにいき出たる、よろこばしき風情あり。きりたれは、たほれころびて、葉しを〳〵と成てはて候体、人の死にいたるにたかふ事なし。かれがいたみかなしびを、人しらず。かれまた人のかなしひを見る事も、人のかれを見るごとくに、いたみかなしみもなしとおもふべし。只かれが上を我しらす、我が上をかれしらざるにぞありけん。此義は、儒書にも書き置候。植物の北にかべついぢなど候へは、この植物、南へかたよるを見れは、目なくても、さはる物をしるにさだまれり。よるはねぶり、昼はひらく、百合花のたとへ候へとも、百合花のみにあらす、よろづの草木ひとつとして、此理なきはあらす。心を付けされは、しらでとほすなり。草木の上まで、しり残さぬは聖智也。大かたの、あらき心にては、しられさる事にて候。有情非情とは、先大かたにまうけたる分際なり。一切の物に情なきにては、あるへからす。情のかはりたるを以て、なしといへるにや。鶏寒して上レ樹、鴨寒して入レ水なれば、鴨の寒きに水に入るは、鴨には寒きといふ事なしといひ、鶏寒して樹に上れは、鶏にはさむき事なしとおもふごとくなりや。水はひやゝかなるを性といひ、火はあつきを性とす。火からいはゞ、水には性なし。水からいはゞ、火には性なしとも、おもふへけれとも、まことにこれを性といふ。無性とはいはす。

物をこまかに心を付候はゞ、天地の間の物、いづれとて、かはりはあるべしともおもはす。かはりたりと見るは、見のすぼき故也。一樹の枝葉しけりたるにかくされて、富士の山、我目に見えざるかことし。富士の山いかでか一樹にかくされん。只我目のちひさき故に、一樹わが目を遮る故に、富士は見えぬなり。しかるに一樹が富士を隠すと思ふべし。

我を笑ふ事、人をわらふに似て、我見のすぼき故なり。物の理わきまへずして、たま〳〵ものわきまへたる人のいふ事を、さあらぬ道などとて、物しれるかほの人、却てそしり笑ふ事、人をわらふに似て、我を笑ふと、実の人はおもふべし。今の世の有様、心にかけて見給ふへし。地は母、天は父にて候。栗柿のたねを地にやどし候へは、はえ出、もとの栗柿の実、かはらずなり候。然るを父母はおふしたて候。やどり申は、よそより入り来る物にて候。人も、母は地、父は天、さて子となる物は、よそより入来るやどり物にて候。

【現代語訳】

一、栗や柿の実にたとえて話しましょう。

栗や柿には痛みも悲しみもないというのは、人間が外から見た考えです。栗や柿の身の上には、痛みも悲しみも、自然に備わっているように思われます。

草木が痛んでいる風情は、人間が痛みを憂えているさまと変わることがありません。水を注いでやったりして、生き生きとするとき、うれしそうな風情があります。切れば、倒れころんで、葉がしおれてしまうさまは、人が死んでゆくのと変わりません。

しかし、草や木の痛みや悲しみを、人間は知りません。草や木もまた、人の悲しみを見ること、人が草木を見る場合と同じく、痛み悲しみもないと思うでしょう。我々は草木のことを知らず、草木も我々のことを知らない、ただそれだけのことでしょう。このことは、儒学の本にも書かれています。

植物が生えている北側に壁や築垣《ついじ》(51)などがあると、植物はその枝が南へかたよるのを見れば、植物に目はないけれども障害物があるのを知る性能があることがはっきりわかります。

夜は眠り、昼は開く、百合《ゆり》の花のたとえもありますが、百合の花だけではなく、あらゆる草木は、どれひとつとして、この道理のないものはありません。

よく気をつけないから、知らずにすますのです。草木のことまで、知りつくすのは聖人の智慧です。たいていの粗雑な心では、わからないことです。

情《こころ》があるとか情がないとかいうのは、ただ、おおまかにきめた区分です。すべての物に情がないはずはありません。情のありかた(52)が違うために、ないというのでしょうか。

鶏は寒いと樹に上り、鴨《かも》は寒いと水に入る、といわれます。するのと、鴨が寒いと水に入るのは、鴨には寒い感覚がないからであり、鶏が寒いと樹に上るのは、鶏には寒さがわからぬのだ、と思うようなものでしょうか。

水は冷たいのを、もちまえといい、火は熱いのをもちまえとします。すると、火からみれば、水にはもちまえがなく、水からいえば、火にはもちまえがないことになりそうですが、実はどちらもそれをもちまえといいます。もちまえがないとはいわぬのです。

物を子細に見ますならば、天地間のもの何一つとして変わっているとは思われません。変わっていると見るのは、見方が狭いからです。

一本の木の枝葉が繁っているのにかくされて、富士山が我が目に見えないようなものです。富士山がどうして一本の木にかくされることがありましょう。ただこちらの視野が狭いために、一本の木が我が目をさえぎって、富士が見えないのです。それを木が富士を隠していると思うのは、こちらの視野が狭いからです。

物の道理をわきまえないで、たまたま、よくわきまえた人のいうことを、道理が違うなどと、物知り顔にあざわらうのは、人を笑っているようで、かえって自分を笑っているのだと、真実の人は思うでしょう。

今の世の有様を注意深くごらんなさい。地は、いうなれば母であり、天は父であります。栗や柿の種を地に埋めると、芽生え、やがてもとの栗や柿と同じ実がなる。そうなるように天地が育ててあげるのです。地に埋めるのは、よそから入ってくる物です。

人間も、母は地、父は天であり、また、その子供となる物は、よそから入ってきた居候のようなものです。

(51) 築垣　築地。柱を建て、板をしんとして、泥で塗り固め、屋根をかわらでふいた垣。

(52) 鶏は…　(『人天眼目』巻中) 物の自然性をのべたもの。物それぞれがその本性に安住しているさま。平等の中の差別、差別の中の平等。

一、中有と申すは、今此現有に物おもふことくに、少もかはる事候はす。かるかゆゑに、今此現有をも有と申候。

現在の有、はて候へは、中有と申候。又中有てんじて身をうけて出候へは、後有と申候へは、いづれも今の此身ある時の心に、少もかはる事なく候。中有にも身は候へとも、幽《かす》かなるによりて、人の目には見えさるなり。又執心ふかき人の中有は、人に見え候事、毎度世に有る事なれとも、つねにしもあらさる事なれば、人これをうたかひ、或人は狐狸のばけともいひ、或人は心のあやまりにて、なきすかたを見るならん、なとゝいふ。勿論右の二道もあるべし。しかりとて、一々にそれのみにてはあるへからす。まさしき事とも、世にある事也。人の口にあるのみならず、道ある世に生て、道ある人の筆に残してある事也。しるす人の智恵に及ばすしては、うたかふと御心得有へし。夢に物を見る時、父母生したる眼耳にてはきかされとも、ありありと人にもあひ、物をもいひ、物のおとをもきゝ、物の色を見、または陰陽のましはりなど、つねにおもふ物と取くみ、志をとくるとおもへは夢さめぬ。さめてこそ夢とはしれ、夢の内は是は夢なり、誠の事にてはなしなとゝは、いさゝかもおもはさるものなり。此夢はいまだ此身いきて綱かゝりてあれは、ゆき度所へ行く事はならす。只念をもつて、境界を我方へ引よせて見るなり。実に死たれは、己が身をはなれたれは、行度所へゆく事、綱をはなれたる猫のことくなり。念はまた夢の内の念と同しくして、行度所へ自由にゆくかことし。ふかき闇の中、戸障子を閉たる中とても、自由に入るものなり。形なきゆゑなり。形もあれとも、肉色《にくしき》ならねは、水かけ、燈、月などに見るかけのごとくなれは、物にさはる事なし。此身関となりて、深宮へはひられされとも、心の通ふことく、銀山鉄壁をとほるは、念にて候。此不思議は、大かたにては合点参ましく候。

仏祖是を明めて、衆生是をしらす、しらさるを以てうたがふ、いよ〳〵愚の愚也。我がしらさる事、何ほどかあらんに、しらすして、みななき事といは丶、百の事を六つ七つしりて、その外の事を人いふに、みな丶しといは丶、九十みななき事になりぬ。又は十五の事をしりたれは、なき事といひたる内、五つ六つまたある事になりぬ。二十三十しりたる人の前にては、なき事といひし物へりて、七十にも成る。百の事六七十しれは、あとの三十四十は、まへの事にて、みなしる丶時は、我しらぬ事を、なしとおもふは、しらぬからのおもひなり。一つつ丶なりとも、あきらめもてゆかは、みなしらるべし。我しりたらは、なき事とはたれもいふましけれとも、しらぬ故なり。中々にふかき愚痴の人は、よく信するから、終にはしるべし。なま兵法大疵のもとゐか。中有五根なしと承候。今現在の五根を第六識にうつしてゆくなり。五根の形なき所に、五根の能徳あり。此第六識は意なれば意に形はなけれども、見聞の徳ある故に、夢中が肉眼肉耳にあつからずして、外に形出来して、見聞する也。そこ〳〵の形なくして、そこ〳〵の用をなすによりて、識といふなり。形なければ、しられざるものならば、只見といひ、聞とばかりいふべし。すでに見聞を識にうつして、二段になる故に、五根の形はすて丶、その徳用を、識がもつてゐるなり。去程に中有に五根なくしても、五事をわきまふる事、今此現有とかはる事なし。わきから見ぬばかりなり。その身からは、現在のごとし。またかたちもなきにあらずといへども、幽微なれば、見かたし。鳥が虚空をとひゆくに、遠くへなる程、かすかにして、やれ〳〵とおもふ中に、はや形は見うしなふものなれども、此鳥の形きえて、なくなるにはあらず。幽かなる故に、見えざるなり。うすくして、さだかに見えざる形なれば、中有をば人は見ず。かれはいつもいきて居たる時のごとく、人を見れども、人是をしらず。

罪障ふかき中有は、形あらはる丶なり。人自然にこれを見て、幽霊など丶いふ。又なき事にあらず。執心ふかければ、形あつし。たとへば薬など、よろづの物をせんじ出せる汁のごとし。あさきものは、その汁あさし。あつきものは、その汁こくして、物の汁と、さだかにしる。至てあさきもの丶汁は、水にひとし。水とひとしければ、物の汁なりとも、人しらず。只水とみて置也。中有と執心ふかければ、形をあらはす。あさきものは、こくうとおなじければ、人是を見ず。人はこれを見ざれども、かれは是を見る。我は形ある故に見らる。かれは形幽なる故に、我から是を見る事あたはず。名義集に、麦粒をもつてたとへ候。麦一つには、はえ出で、本の麦粒と可レ成徳用はそなへたれども、水土と和合せざれば、麦とはならぬなり。人の識と同前の境と和合して、様々の念を生して、念より念々を生して、此念にひかれて、此かたち身をうけて出たり。只天から物のふりたるといふ様に、不慮なるものにあらず。無始の一念によりて、始まりて、かくさま〴〵の事もあるなり。その源をよくたづねもてゆけば、無始の一念にして、根もなきものなり。根なくして、千般万般の物出生する、是を妙ともいへり。

【現代語訳】

一、中有《ちゅうう》(53)というのは、この現世に生きて物思うのと少しも違うことがありません。それゆえ、この現世に生きていることをも、有《う》というのです。

現在の生が尽きはてると、中有と申します。そして、中有が転じて新しい身体をうけて生まれると、これを後有《ごう》(54)というのですから、どちらも今世のこの身があるときの心に、少しも変わることがありません。

中有にも身体はありますが、あまりにかすかなために、人の目には見えないのです。執着の深い人の中有は、人に見えることが、世にはままあることですが、世の常のことでないゆえ、人はこれを疑い、或る人は、狐か狸が化けたのだともいい、また或る人は、幻覚で死者の姿を見たのだろう、などといいます。

もちろん、今のような二つの場合もあるでしょう。だからといって、すべてがそれだけではありません。幻覚でないことも、世にあるものです。人々が語っているだけでなく、正しい世に生きて、正しい智慧の人が書き残していることです。その書き記した人の智慧に及ばないと、疑うことがあるものだと、心得ていただきたい。

夢の中で物を見るとき、この肉眼に見え、この耳に聞こえるわけではないのに、ありありと人にも会い、物を言い、物の音を聞き、物の色も見、さらには、男女の交わりなど、日頃望んでいるものを相手に、今にも思いを遂げられそうになって、覚めるのです。覚めてはじめて、夢だったかと気づくのであって、夢を見ているうちに、これは夢だ、事実ではない、などとは少しも思わないのです。

夢というのは、まだこの身が生きていて、この身にしばりつけられているために、行きたい所へも行くことができぬ、そこで念力でもって、その場所をこちらへ引き寄せて見るのです。

本当に死んでしまえば、自分の身を離れているので、行きたい所へ行くのは、綱を放れた猫のようです。思いは夢の中の思いと同じく、好きな所へ自由に行くようなものです。深い闇の中でも、戸障子を閉めた中へも、自由に入ってゆくのです。形がないからです。形はあるにはあるけれど、肉体ではないので、水に映る影、燈《ともしび》や月などの影のようですから、物にはばまれることがありません。

生きているうちは、肉体が関所となって奥深い宮殿に入ることができなくても、中の者と心が通じるように、銀山鉄壁(55)をさえ通るのは念力です。この不思議は、並大抵のことでは、わかりますまい。

釈尊や祖師がたは、このことを悟られたが、世間の人はこれを知らない、知らないで疑うわけで、愚かなうえにも愚かである。

自分の知らぬことが、どれほどあるかしれぬのに、自分の知らぬことは、すべてないことだというならば、たとえば百の事のうち六つか七つしか知らぬ者が、それ以外の事をいわれて、それはすべてないのだというならば、残りの九十はみなないことになってしまう。そして十五の事を知ると、さきにないといったうちの、五つか六つがあることになる。二十か三十知っている人の前では、ない事といったものも、七十にも減ってしまう。百のうち、六、七十知れば、あとの三十、四十はやはり前どおりだが、百を知ると、もう自分は知らない事はないと思ってしまうなら、それは道理を知らぬからの思いである。一つずつでも、明らかにしていけば、すべて知られるであろう。知ったうえは、ない事などとは誰もいわないだろうが、要するに、知らないからのことである。

たいへん愚かな人は、かえってよく信ずるので、最後には知ることになるであろう。生《なま》半可《はんか》なことがかえって大きな失敗をする、いわゆる「生兵法大疵《なまびょうほうおおきず》のもと」であろう。

中有には五根(56)がないと聞いています。中有は現世に生きている五根を、第六識に移してゆくのです。五根の形のないところにも、五根の性能はあるのです。

この第六識は意識だから、意識に形はないけれども、見たり聞いたりする性能はあるゆえ、夢の中で、肉眼や肉耳の助けをかりなくても、ほかの形が生まれて、見たり聞いたりするのである。それときまった形はないのに、これこれの用をなすゆえ、識というのである。

形がなくて、知られないものならば、ただ見るとか聞くとかだけいえばよい。その見聞を識にうつして、二段(57)になるゆえ、五根の形をすてて、その性能を識が持っているのである。

したがって、中有に五根がなくても、五事(58)を知ることは、この現在生きているのと変わることがない。外から見えないだけである。本人からみれば、現世と同じである。形もないわけではないが、あまりかすかなので、見えにくいのだ。

鳥が空を飛んでゆくのをみると、遠くへ行くほどかすかになって、ああ、ああと思ううちに、もう見失ってしまうのだが、この鳥の形が消えてなくなるわけではない。かすかだから、見えないだけである。

薄くて、はっきり見えない形だから、中有を人は見ないのである。中有はいつも生きていたときのように、生きている人を見るのだが、人はこれを知らない。

罪障《ざいしょう》(59)の深い中有は、形が現れるものである。人は、これを自然に見て、幽霊などという。また、ないことではない。執着心(60)が深いと、形もはっきりする。たとえば、薬など、さまざまな物を煎じ出した汁《しる》のようなものである。薄いものは、その汁も薄い。濃いものは、その汁も濃くて、物を煮出した汁だと、はっきりわかる。きわめて薄いものの汁は、水とかわりがない。水とかわりがなければ、煮出した汁であっても、人はこれに気づかず、ただ、水だと思っている。

中有でも、執着心が深ければ、形を現す。薄いものは、空気と同じだから、人には見えない。人は見ないけれども、むこうはこちらを見ている。

こちらは形があるので見られ、中有は形がかすかなので、こちらからは見えない。『名《みょう》義集《ぎしゅう》』(61)に、これを麦粒《むぎつぶ》にたとえていっている。

「麦一粒には、芽生え、生長して、元の麦粒となる性能がそなわっているのだが、水や土と和合しなければ、麦とはならない、のだ」と。

人間の識と、それに応ずる境(62)とが和合して、さまざまの念を生じ、念から次々に念を生ずるのであり、この念にひかれて、この形ある身をうけて生まれたのである。天から物が降って湧いたような、思いがけないことではない。

始まりのない一念に始まって、かように千差万別の現象がある。その根源をどこまでもたずねてゆけば、そこは無始の一念であって、何の根源もない。根源もなしに、千差万別の現象が生まれてくる。これを妙ともいうのである。

(53) **中有**　人が死んで次の生を受けるまでの暫定的な期間。死の瞬間、死有《しう》と、次の生をうける生有《しょうう》までの中間の存在。

(54) **後有**　「こうう」ともいう。未来世の生存。死後の生涯。

(55) **銀山鉄壁**　銀山は、直隷《ちょくれい》省、今の河北省順天府昌平州にある。州の東北六十里、山岳高くけわしく、氷雪積もって白いこと銀のよう……麓に石崖あり、これを銀山ともいう。鉄壁頂が中峰をなしている。唐の禅僧、鄧隠峰《とういんぽう》がここに住んだという。

(56) **五根**　眼・耳・鼻・舌・身の五種の感覚を生ずる、眼根・耳根・鼻根・舌根・身根の五つの器官。根は器官、機能、能力の意味。

(57) **二段**　眼・耳・鼻・舌・身の前五識の内容が第六意識にうつって二段となる。

(58) **五事**　前五識が第六識にうつっているゆえ、五事を知るわけ。

(59) **罪障**　悟り、解脱をさまたげる罪の行為。道を修し、悟りに入るためのさまたげ。

(60) **執着心**　「沢庵和尚全集」本では「熱心」となっているが、誤写であろう。次ページも同じ。さきの「中有」の説明の初めには「執心ふかき人の中有は」とある。

(61) **『名義集』**　書名。宋の法雲撰『翻訳名義集』。七巻。梵語を翻訳した言葉（名称と意味）を類別して集めたもの。

(62) **境**　六識が感覚作用を起こす対象（六境）、すなわち、色境・声境・香境・味境・触境

（触覚の対象）・意境（第六意識の対象）。

あとがき

さきにふれた新渡戸稲造の『武士道』は、日本人の内面的規範を明らかにしたものであり、主戦論の書ではなかった。この書は、日露戦争の調停役として活動したアメリカ大統領セオドア・ルーズベルトはじめ多くの欧米人に愛読された。

殺人刀・活人剣という言葉がある。一九四〇年（昭和十五）九月、日独伊三国同盟調印の日、駐独大使来栖《くるす》三郎《さぶろう》は、ヒトラー総統官邸での祝賀の席上、「日本精神は武士道を柱とする。武士道は剣を用いるが、その極意は人を殺すのではなく、人を活かすの剣である。この剣の精神をもって、世界平和に貢献したい」と挨拶した。宣戦の詔書は、「東亜永遠の平和」をかかげるのを常とする。

これの五年前、昭和十年八月、陸軍皇道派の中佐相沢三郎は、白昼軍務局長室に乱入して、統制派の軍務局長永田鉄山を斬殺した。かれは軍事法廷において、「自分は絶対の境地で剣を行《ぎょう》じた。悪いとは思わぬ」と言った。

相沢は剣道の達人・臨済禅の居士だった。処刑前、禅語「万里一条鉄（絶対の境地）」をいれた「述懐」と「遺詠」一首を残している。

剣禅一如の語が、殺伐の気をおびて、一部に聞かれた。

このような事態は、しかし、沢庵の剣・禅とは、まさしく無縁である。

日本敗戦の二年後、自分らの戦争協力懺悔の心から、アナキスト岩佐作太郎（故人）はじめわたしら数名、八月十五日を「反戦と平和の記念日」としよう、そのための小集会行脚をしようと語り合い、大阪を皮切りに山口県小野田まで、乗りついでは、「反戦と平和の記念日」のためのミニ集会を作って歩いた。

数年後、国内では靖国神社において結成式をおこない、南方の戦跡を訪ねて慰霊と遺骨収拾をする幾つもの団体があった。

その後、島民の間から、「日本軍に殺された、われわれ島民の遺骨はどうしてくれるのだ」という声をきいたことがある。

戦争は、人間を人間でなくする。

沢庵の剣と禅から、あらためて学びなおしたい。

剣禅は、剣禅を解脱していた。

一九八二年夏

市川白弦

沢庵略年譜

西暦	年号	年齢(数え年)	事蹟
一五七三	天正 元年	一歳	沢庵、但馬国出石村に生まる。古渓宗陳大徳寺に住す。本願寺光佐、石山に城を構え信長に抗す。武田信玄歿。信長、足利幕府を倒す。信長、朝倉・浅井氏を倒す。
一五七七	五年	五歳	愚堂東寔《とうしょく》生まる（〜一六六一）。
一五七九	七年	七歳	鈴木正三《しょうさん》生まる（〜一六五五）。
一五八二	一〇年	一〇歳	沢庵、浄土宗唱念寺に出家、春翁と呼ばれる。恵林寺快川寂。本能寺の変。秀吉、大徳寺に信長の仏事を営み、総見寺を建つ。秀吉、山城国検地。大友・大村・有馬三氏、ローマに使節を送る。
一五八三	一一年	一一歳	沢庵、唱念寺に浄行を修す。一凍紹滴、徳禅寺に住。春屋宗園、南宗寺に住。秀吉、賤ヶ岳に柴田勝家を敗り、大坂築城に着手。林羅山生まる（〜一六五七）。
一五八六	一四年	一四歳	沢庵、希先西堂の弟子となる。

			一凍、大徳寺に住。春屋、禅師号を賜わる。秀吉、大仏殿造営に着手、太政大臣となる。
一五八七	一五年	一五歳	秀吉、切支丹禁止。北野の大茶会。
一五九〇	一八年	一八歳	家康、江戸入府、関東検地、法律の研究に励む。秀吉、奥羽検地。
一五九一	一九年	一九歳	秀吉、石山本願寺を京都堀河に移す。千利休自刃。希先西堂寂。
一五九二	文禄 元年	二〇歳	沢庵、董甫宗仲に参ず。秀吉、全国の人口調査。文禄の役。
一五九四	三年	二二歳	沢庵、董甫に従って入洛。大徳寺三玄院に春屋に見《まみ》ゆ。宗彭と改む。秀吉、切支丹を長崎で処刑。
一五九八	慶長 三年	二六歳	沢庵、三玄院に在って春屋をはじめ山内諸老宿に参問。秀吉歿。
一五九九	四年	二七歳	石田三成、江州佐和山に瑞嶽寺建立、春屋を招いて開堂。沢庵、董甫とともに参加。
一六〇〇	五年	二八歳	沢庵、佐和山の瑞嶽寺を出て、三玄院に帰る。関ヶ原の戦い。京都所司代を置く。
一六〇一	六年	二九歳	沢庵、泉南に文西洞仁について詩文を修む。董甫寂。東海道伝馬制。板倉勝重、京都所司代となる。
一六〇二	七年	三〇歳	沢庵、和歌百首を詠じ細川幽斎に批判を乞う。家康、奏して東本願寺を建て真宗を二分。フランシスコ会ほか二教団宣教師渡来。狩野探幽生まる（～一六七四）。
一六〇三	八年	三一歳	沢庵、文西の臨終の際その全蔵書を受く。一凍に随侍。

			家康、征夷大将軍となり幕府を開く。至道無《む》難《なん》生まる（〜一六七六）。
一六〇四	九年	三二歳	一凍の印可を受け沢庵の号を受く。妙心寺南化寂。諸街道に一里塚を築く。
一六〇五	一〇年	三三歳	将軍徳川秀忠。関東諸国大風水害大凶作。高台寺建つ。
一六〇六	一一年	三四歳	一凍紹滴寂す。沢庵の父秋庭綱典歿。
一六〇七	一二年	三五歳	沢庵、南宗寺に住す。母を喪う。玉室宗珀、大徳寺に住す。愚堂、雲居寺等仙台に行脚。
一六〇八	一三年	三六歳	永楽銭の流通禁止。木食上人寂。日蓮・浄土両宗、江戸城で宗論。一絲文守生まる（〜一六四六）。中江藤樹生まる（〜一六四八）。
一六〇九	一四年	三七歳	沢庵、大徳寺に奉勅入寺。島津家久、琉球に出兵。オランダ船に通商許可。
一六一〇	一五年	三八歳	沢庵、南宗寺に在り。江月宗玩、大徳寺に住す。天海、駿府に家康に謁す。崇伝、家康に仕え、駿府に金地院を建つ。細川幽斎・長谷川等伯歿。名古屋城築城開始。
一六一一	一六年	三九歳	沢庵、秀頼に招かれたが固辞。細川忠興の招きにも応ぜず。近衛信尹参禅。春屋寂。加藤清正歿。
一六一二	一七年	四〇歳	沢庵、泉南、京洛を往来して、南宗、大仙の寺務を見る。信尹のために『詠歌大概音義』一巻を作る。切支丹禁止、京都の会堂を破壊。

一六一三	一八年	四一歳	沢庵、小出吉政の仏事を営み、その布施をもって南宗寺の鐘楼建立。烏丸光広と唱和。大燈国師年譜を編む。支倉常長ら遣欧使節出発。
一六一四	一九年	四二歳	沢庵、大徳寺内養徳院に住す。江州に遊ぶ。関東軍大坂を囲む。沢庵、南宗寺に行き開山普通国師像を背負うて大徳寺に遁る。方広寺鐘銘事件。高山右近ら切支丹百余人国外追放。大坂冬の陣。丹波一揆。
一六一五	元和　元年	四三歳	沢庵、聚光院で笑嶺の三十三年忌を修す。大坂落城。南宗寺焼亡。家康入洛し二条城に入る。家康、武家・禁中並公家・諸宗諸本山（大徳寺、妙心寺）諸法度を出す。蔭涼軒の僧録司を金地院に移す。海北《かいほう》友松・古田織部歿。
一六一六	二年	四四歳	沢庵、但馬の宗鏡寺再興。家康歿。
一六一七	三年	四五歳	沢庵、春屋の七回忌に三玄院に拝塔。黒田長政の崇福寺への拝請を受けず。南宗寺再興。
一六一八	四年	四六歳	沢庵、各地に遊行し、和泉の泊瀬寺、山城薪の酬恩庵に寓居。
一六一九	五年	四七歳	沢庵、山城薪妙勝寺の小庵に禅寂を楽しむ。金地院崇伝僧録司となる。藤原惺窩歿。熊沢蕃山生まる（〜一六九一）。京都で切支丹六十余人火刑。
一六二〇	六年	四八歳	沢庵、但州に至り、宗鏡寺の後山に投淵軒を営む。
一六二一	七年	四九歳	沢庵、宗鏡寺投淵軒にて「理気差別論」を書く。烏丸光広に和歌百

			首の添削を乞う。沢庵の参徒金春禅曲歿。織田有楽斎歿。
一六二二	八年	五〇歳	烏丸光広、但州に沢庵を訪う。五山衆入内連句す。長崎で切支丹処刑。盤珪永琢《ばんけいようたく》生まる（〜一六九三）。山鹿素行生まる（〜一六八五）。
一六二三	九年	五一歳	沢庵、但馬出石に在り。
一六二四	寛永 元年	五二歳	弾正尹高松好仁親王、沢庵を但州に訪う。板倉勝重歿。
一六二五	二年	五三歳	天海、寛永寺創建。
一六二六	三年	五四歳	沢庵、但州に在り。幕府、大徳・妙心両寺に元和法度の励行を迫る。
一六二七	四年	五五歳	沢庵、但州を出て入洛、玉室の法嗣正隠を大徳寺に出世させ、南宗寺に帰住。近衛関白信尋、南宗寺に参禅。沢庵、南宗寺を出て三輪山本の草庵に閑居し、和歌六百首を詠ず。伊藤仁斎生まる（〜一七〇五）。
一六二八	五年	五六歳	紫衣事件。沢庵、玉室、江月ら抗議。愚堂、妙心寺に住す。長崎で切支丹処刑。踏絵を始む。
一六二九	六年	五七歳	沢庵、玉室・江月と共に江戸に下る。『碧巌九十偈』を作る。七月、沢庵、羽州上ノ山に、玉室、奥州棚倉に配流。土岐頼行、沢庵のために小庵をつくる。春雨庵と名づけ、ここに謫居の三年を送る。春日局参内。後水尾天皇譲位。
一六三〇	七年	五八歳	林羅山、忍ヶ岡に学寮建設。山田長政歿。鉄眼生まる（〜一六八二）。
一六三二	九年	六〇歳	沢庵、許されて、七月江戸に入る。玉室、妙心寺東源、単伝も赦免。徳川秀忠歿。

一六三三	一〇年	六一歳	沢庵、駒込の草庵（堀丹後守別邸）に還暦の新年を迎える。歳旦の詠。金地院崇伝・建仁寺古澗寂。清水寺本堂再建。奉書船以外の海外渡航禁止、最初の鎖国令。
一六三四	一一年	六二歳	沢庵、玉室とともに公命により大徳寺に帰る。上皇、沢庵を仙洞に召して法を問う。泉州に入り、但馬に帰る。長崎出島を築く。譜代大名の妻子を江戸におく。
一六三五	一二年	六三歳	沢庵、命により但馬を出て江戸に至る。柳生但馬守の麻布の別邸に寓居。南禅寺最獄、僧録司となる。愚堂、妙心寺に再住。寺社奉行設置。参勤交代制確立。
一六三六	一三年	六四歳	沢庵、江戸城に登り、家光に謁す。大燈国師遠忌のため上洛、おって但馬に帰る。妙心寺愚堂、入内説法。雲居、松島瑞巌寺に住す。卍山道白《まんざんどうはく》生まる（〜一七一五）。日光東照宮なる。
一六三七	一四年	六五歳	沢庵、大聖国師一百年遠忌のため但州より入洛。四月、江戸に帰る。島原の乱起こる。
一六三八	一五年	六六歳	将軍、御殿茶会において、沢庵のため品川に一寺建立の旨を発表。沢庵、暇を乞い但馬に帰る。途中、南宗寺で古鏡禅師の三十三回忌を営み、和州柳生において但馬守宗矩の建てた芳徳寺の開堂式に臨む。十月、仙洞御所に後水尾上皇に『原人論』を講ず。後水尾上皇、徹翁に大現国師の号を賜う。上皇、一絲禅師のため加

			茂に霊源寺を建つ。板倉重昌・烏丸光広歿。
一六三九	一六年	六七歳	沢庵、江戸に帰る。品川に東海寺落成、入寺開堂。ポルトガル船の来航を禁止し、鎖国体制整う。
一六四三	二〇年	七一歳	将軍、東海寺に来駕、小堀遠州侍す。遠州、池中小島の奇石に万年石の名を与う。沢庵、「万年石記」をつくる。江月・天海寂す。
一六四四	正保 元年	七二歳	細川光尚、肥後国熊本城外に妙解寺を建て、沢庵の像を安じ第一世とす。沢庵、但馬に行くため江戸を辞す。まず入洛し仙洞に上皇の御機嫌をうかがい但馬に行く。十二月、東海寺に帰る。
一六四五	二年	七三歳	八月、台駕東海寺に入る、堀田加賀守侍す。茶会あり。十一月、病を発し、十二月十一日寂す。

解説　剣禅一如の理念とその伝唱

佐藤錬太郎

臨済宗大徳寺派の禅僧、沢庵宗彭《たくあんそうほう》（一五七三〜一六四六）は剣禅一如を唱え、江戸時代の武道伝書に大きな影響を与えている。その著作を読むには、沢庵和尚全集刊行会編纂『沢庵和尚全集』六巻（巧藝社、一九二八〜三〇年刊）が閲覧に便利である。その第五巻（一九二九年刊）に『不動智神妙録』と『太阿記』及び『玲瓏集』が収録されている。市川白弦訳『沢庵　不動智神妙録・太阿記・玲瓏集』（「禅入門」第八巻、講談社、一九九四年刊〈『日本の禅語録』第十三巻『沢庵』（講談社、一九七八年刊）の再構成版〉）はこの三書の訳注である。花園大学名誉教授の市川白弦氏（一九〇二〜一九八六）は日本の敗戦後に自身の戦争協力を懺悔し、禅宗が戦争に協力したことを反省し、反戦と平和活動に尽力された。その訳注は仏教学の造詣の深さが窺える名著である。白弦氏は剣禅一如の語が殺伐の気をおびていた時代への反省から、殺伐の気とは無縁の沢庵の剣と禅を学び直したいという思いで、三書の訳注を執筆したという。

沢庵和尚の生涯

沢庵和尚は、織田信長が将軍足利義昭を追放した天正元年（一五七三）十二月一日に但馬《たじま》（兵庫県）の出石《いずし》城下に生まれた。父親は、出石城主の山名祐豊《すけとよ》に仕えた秋庭綱典《あきばつなのり》という武士である。十歳で出家し、浄土宗の唱念寺（出石）に入り、十四歳の時、臨済宗大徳寺派の宗鏡寺《すきょうじ》（出石）に移った。慶長九年（一六〇四）、三十二歳で一凍紹滴《いっとうじょうてき》の法を嗣《つ》いで、沢庵と号した。三十五歳で堺の南宗寺の住職となり、慶長十四年（一六〇九）、三十七歳の時、後陽成天皇より紫衣《しえ》を賜り、勅命によって大徳寺百五十三代目の住職となるが、栄達に無関心で、わずか三日で辞職して南宗寺に帰る。豊臣秀頼や細川忠興などの諸大名からしばしば招聘されるが、すべて固辞している。

その後、徳川幕府の寺院統制が強化され、寛永四年（一六二七）に、有名な紫衣事件《しえじけん》が起こる。沢庵和尚は、大徳寺に厳しい制約を加える幕府に抗議したため流罪となり、翌年に出羽（山形県）の上山《かみのやま》へ流されたが、上山領主の土岐頼行《ときよりゆき》（一六〇八〜一六八四）は沢庵和尚を厚遇し、春雨庵《はるさめあん》を建てて住居とし、師事している。寛永九年（一六三二）に将軍秀忠が亡くなり、その恩赦で罪が許されるまで、三年間、上山に蟄居《ちつきょ》していた間に、土岐頼行と槍術家の松本定好（一五八六〜一六六〇）は、沢庵和尚に師事し、松本定好は一指流《いっしりゅう》槍術を創始し、一指流を習った土岐頼行も自得記流《じとくきりゅう》槍術を創始している。一指流は幕末まで土岐家に伝えられている。

沢庵和尚が徳川将軍家兵法指南役の柳生宗矩《やぎゅうむねのり》と知りあった時期は不明であるが、宗矩が恩赦をとりなし、三代将軍家光に知遇を得たと伝えられている。宗矩は寛永九年には幕府の総目付に就任し、諸大名を監察する重責を担い、沢庵和尚の教えを受けて、寛永九年九月に『兵法家伝書』を完成している。

家光は寛永十五年（一六三八）に沢庵和尚のために品川の東海寺を創建し、翌年に沢庵和尚を招いて初代の住職とし、しばしば東海寺を訪問している。沢庵和尚は、正保二年（一六四六）十二月に東海寺で亡くなる。享年七十三歳。この年に宮本武蔵も『五輪書』を著して亡くなり、翌正保三年には、柳生宗矩も亡くなっている。なお、吉川英治の小説『宮本武蔵』では、沢庵和尚が宮本武蔵を指導したことになっているが、これは創作で、沢庵和尚と武蔵と面識があったという記録は無い。

『不動智神妙録』

沢庵和尚が寛永十三年（一六三六）九月末に郷里の出石城主、小出吉英《こいでよしふさ》に贈った書簡「小出吉英に贈る書」（『沢庵和尚全集』巻四）に拠ると、沢庵は、寛永十三年九月二十四日、家光の御前で但馬守（柳生宗矩）、加賀守（堀田正盛）と兵法談義をし、それを書きつけて、二十七日に家光の上覧に供すべく提出している。

これが『不動智神妙録』の原形である。この原形を留める写本（一）が、宮内庁書陵部に残っている。また、書陵部本（一）を増補改訂した内容の写本「不動智」（二）が東北大学附属図書館狩野文庫に残っている。さらに、巻末に沢庵和尚が柳生宗矩に与えた訓戒書が付されている写本（三）『沢庵和尚柳生但州江兵法問答』が内閣文庫に残っている。[1]

（一）宮内庁書陵部所蔵『不動智』は、現存する写本や板本、活字本のなかで最も簡素な内容であり、沢庵禅師が家光のために書いた原初の形を伝えている写本であると思われる。奥書に、「無明住地煩悩《むみょうじゅうちぼんのう》、諸仏不動智《しょぶつふどうち》」とあるのが書名で、表紙には「不動智」と書いてある。この書陵部本の系統に属する写本としては、東北大学附属図書館の狩野文庫に『沢庵和尚兵法物語』が残っている。[2]

（二）東北大学狩野文庫所蔵『不動智』は書陵部本を増補改訂した内容で、語尾に「……ぞ」という語り口調の解釈文を載せている。奥付に「右沢庵和尚製之、授于柳生但馬守者也。安永三年九月ニ写之トアル。于時文化五辰年三月野上先生ヨリ借読、同年四月三日反。黄昏写終ル」とある。「無明住地煩悩」章から「前後際断」章まで、口語調の解釈文があり、「十二調止」の円図などが描かれている。

（三）内閣文庫所蔵『沢庵和尚柳生但州江兵法問答』は丁寧な候文で記されており、この内閣文庫の写本は、幕臣、宮崎成身が、幕末期に手写したもので、宮崎成身『視聴草《みききぐさ》』（四集之四、汲古書院、一九八五年影印）に収録されている。[3]

『不動智神妙録』の古写本、刊刻本を調べてみると、書名は、『不動智』、『沢庵和尚兵法問答』、『沢庵和尚剣術法語』、『沢庵和尚神妙録』など、一定していない。恐らく、『不動智』と『沢庵和尚神妙録』とを結び付けた呼称が、明治以降の活字本の通称となったものと考えられる。『無明住地煩悩、諸仏不動智』略して『不動智』が本来の書名である。

書名は、唐の李通玄《りつうげん》が著した『新華厳経論《しんけごんきょうろん》』十住品《じゅうじゅうぼん》に、「暗い境地の煩悩が、そのまま一切の仏たちの自由な心にほかならない。すべての生き物が皆これを持っている。(無明住地の煩悩は、すなはち一切諸仏の不動智なり。一切の衆生皆自ら之を有す。)」とあるように、この句は、禅宗の六祖《ろくそ》慧能《えのう》の言葉、「煩悩即菩提《ぼんのうそくぼだい》(悩む心がそのまま悟る心である)」(『六祖壇経』般若)に由来する。不動智とは、誰もが生まれつき持っている自由な心である。書名は、悩む心がそのまま悟る心に他ならない、という煩悩即菩提の思想を表している。

『沢庵和尚全集』巻五所収の活字本『不動智神妙録』(4)が今日の通行本であり、『日本武道大系』第九巻(同朋舎、一九八二年)にも収録されている。

なお、『沢庵全集』活字本の末尾には出所未詳の「水焦上、火洒雲」の一章があり、『伊勢物語』の「武蔵野はけふはなやきそ若草の妻もこもれり我もこもれり」という歌を挙げて、「此歌の心を、誰か、白雲のむすはば消えん朝顔の花」と解釈している。市販されている訳本では、「水が上《てん》を焦がし、火が雲をあらう」と読み、「誰かが、白い夏雲がわく頃には朝顔の花がしおれてしまう、と詠んで、短い命を大切にしたい意を表した」などと解釈しているが、いずれも意味が通じない。はかない命の比喩ならば、「朝顔の花」と結びつくのは「白雲《しらくも》」ではなく、「白露《しらつゆ》」であり、「白雲」はくずし字の「白露」を活字に起こす際に誤読したものであろう。

また、内閣文庫写本では、第三章「理《こころ》の修行、事《わざ》の修行」で、柳生新陰流の「五箇三《ごかさん》学《がく》」の習い事を挙げている。「五箇」は身位《みぐらい》（姿勢）や身懸《みがかり》（体勢）に関する五つの大事な習いごとで、「三学」は、身構え、手足、太刀のことである。ところが、通行本の『沢庵全集』活字本では「五箇に一字」と誤っている。これは、「三学」をカタカナの「ニ」と数字の「一」に分解し、「学」を「字」と誤読した例である。通行活字本に基づく訳本では、「身構えの五つを、絶対の一に帰するもの」と誤訳している。

もう一例だけ挙げると、内閣文庫本の第二章「諸仏不動智」では、十人を相手に戦う場合を例として、「十人の敵が打ち込んできた時に、第一撃を受け流したら、次々と跡《あと》に心を止《と》めず、立ち向かうならば、遅れを取ることはない。（一太刀を請流《うけながし》て、跡に心を止めず、跡を捨て、跡を捨候《すてさうら》はば、十人ながらへ働を欠ぬにて候）」と述べている。「跡を捨てる」というのは、禅では、大悟した人は、言うこと為すこと自由自在で、規範となるような行跡を残さない、ということである。「あとかたがない」という意味で「没蹤跡《もつしようせき》」とも言う。したがって、「跡を捨てる」とは、剣道で言えば、前の打突を忘れて次の打突をに集中し、「打ち切る」ということである。

通行本の『沢庵全集』活字本では、「跡を捨て跡を拾候はば」となっている。市販されている訳本では、「跡を捨てたり拾ったり」と訳しているが、「跡を拾う」では、「没蹤跡」と逆になる。これは「捨」を活字に起こす際に「拾」と誤読したものと思われる。因《ちな》みに、東北大学狩野文庫写本では、「跡は心を不留《とどめず》捨てぬれば」、国会図書館写本では、「跡に心をとどめず、跡をすてて候ば」と記述されている。

『不動智神妙録』は、心身を自由自在に働かす禅の境地と剣術の極意とを結び付け、人を殺す剣術を人を活かす剣道に昇華させた理論書であり、剣禅一如を説いた奥義書として、柳生新陰流の門弟に伝授されただけでなく、小野派一刀流をはじめ、江戸時代の各流派の武芸者が密かに書写して読み継がれ、愛読されてきた(5)。

『太阿記』

『太阿記』一巻は沢庵和尚が兵法の達人の境地を禅の言葉で解説した書である。いつどこで誰のために書いたのか不明である。柳生新陰流の柳生宗矩のために書いたとか、小野派一刀流の小野次郎右衛門忠明に授与したとか、言い伝えられているが、確かな証拠が無い。『太阿記』は東北大学附属図書館の狩野文庫に古写本が残っているが、沢庵和尚の自筆本ではない。奥付によると、安永三年(一七七四)の写本を文化五年(一八〇八)に書写したもので、漢文の『太阿記』本文四百九字を最初に掲げ、次にくずし字の注釈文が附されている(6)。

『武術叢書』(国書刊行会、一九一五年初刊/名著刊行会、一九九二年復刊)所収の活字本はこの古写本を活字に起こしたものである。『新編武術叢書(全)』(人物往来社、一九六八年初刊)及びその増補版(新人物往来社、一九九五年刊)では、読みやすいように漢文の本文を訓読し、書き下し文にしている。増補版巻末の「解説」の中で國學院大学の加藤寛教授は、『太阿記』について、「寛永年間(一六二四〜一六四三)頃の作と思われる。……『太阿記』は、沢庵が二代将軍秀忠の剣術指南役・一刀流小野次郎右衛門忠明に授与した剣法書、という説もあるが詳らかでない。署名の「太阿」とは中国古代の宝剣の名である。……沢庵がその剣の名を題として、禅の見地から剣法の理念を説いたのが本書である。」と解説している。

なお、『太阿記』の活字本としては、森大狂纂訂『沢庵禅師老子講話』(東亜堂書房、一九一〇年刊)及び『沢庵和尚全集』第五巻(巧芸社、一九二九年初刊/日本図書センター、二〇〇一年復刊)所収の『太阿記』がある。この活字本は、『太阿記』の漢文の原文を六節に分割して、各節に注釈文を分割して附している。古写本と比較してみると、体裁と内容に大きな違いがある。

以上のように、『太阿記』は、悩む心がそのまま悟る心に通じているという禅の「煩悩即菩提」の思想を、剣術に当てはめて解説した書物である。「思うに兵法とは勝負を争わない(蓋兵法者、不争勝負)」という句で始まり、剣の修行者に向かって、長年の工夫と修行を通じて、自分が本来持っている自由な心に目覚め、人と争わず、無心の境地に到達せよ、と励ましている。

達人の心は、我々凡人の心と別の心ではなく、誰もが平等に、もともと同じ心をもっているが、欲望や煩悩によって心の輝きを曇らしているので、曇りを取り除く修行が必要だという。心の曇りを取り除き、本来の自己に目覚めれば、天下を統治することも容易だという。

沢庵和尚は、兵法の達人の心を古《いにしえ》の名剣「太阿」になぞらえ、達人の心は、名剣の太阿がどんな物でも断ち切るように、自由自在に無心の技を使えると説き、我々は生まれながらに持っている完全な心、何物にも囚われない自由な心を回復するために修行せねばならないと諭している。『太阿記』のいう「太阿の利剣」とは、我々各自が生まれつき持っている性質、すなわち剣の理法を悟って達人となる性質のたとえである。達人となる性質は我々ひとりひとりに完全に具わっており、それぞれ完成されているという。これは誰もが仏（如来）となる性質を備えているという仏教の如来蔵説に由来する。

自分が持っている本来の性能に気づいた人は、魔神も恐れるほどの達人となり、気づかない人は、いろんな邪説に惑わされるという。達人と達人が、剣の切っ先を交差させながら、勝負を決しようとしないのは、勝敗が決まらないのではなく、結果としての勝敗を決める必要が無いからだという。お互いの心に相手を敵と見る心、すなわち勝つことへの執着がなければ、切りあう必要はない。剣道で言えば、相対して剣尖で中心を取り合い、気で攻め合いながら、お互いに隙が無く、一本も打たずに終わるのが、「勝負を決せず」の好個の例であろう。

沢庵和尚は以心伝心《いしんでんしん》の例として拈華微笑《ねんげみしょう》の故事を引用している。釈迦《しゃか》が霊鷲山《りょうじゅせん》の最期の説法の席上で一枝の金色の蓮華を指でつまんで、聴衆に示したところ、意味が分からず皆が黙っていた時に、ただ高弟の迦葉《かしょう》一人がにっこり微笑《ほほえ》んだので、釈迦は迦葉が悟りを開いたことを知り、「吾の不立文字《ふりゅうもんじ》、教外別伝《きょうげべつでん》の正法《しょうぼう》は、汝《なんじ》に付嘱《ふしょく》す」と印可《いんか》したと伝えられている。

言葉では表せない、経典にも書かれていない教外別伝の真理は、印度では二十八祖の達磨禅師に伝わり、それを達磨が中国に伝えて禅宗の初祖となり、唐代に六祖慧能の南宗禅が隆盛となり、臨済宗や曹洞宗など禅宗の五家七宗が興る。

真の兵法も、言葉で語り伝えようが無く、どう構えてどこを打てば良いという風に、先生から習うことはできないので、師匠の教えの外に別に自分で理法を自得せねばならない。「教外」とは、もともとは経典以外という意味であるが、文字や言葉で説明されただけで、コツを会得できるなら、誰も苦労しない。自分で体得するしかない。無心ならば跡形が残らない。いわゆる没蹤跡《もっしょうせき》である。

沢庵和尚が『不動智神妙録』を著して剣禅一如を唱え、将軍家剣術指南役の柳生宗矩が沢庵の指導を受けて『兵法家伝書』を著すに及んで、武道の流派を問わず、禅と剣術が一体のものと見なされるようになった。

柳生新陰流と並んで将軍家の兵法指南役を担った小野派一刀流の宗家を継承した山岡鉄舟（一八三六〜一八八八）は、幕末に将軍徳川慶喜の命を承《う》け、官軍を指揮していた西郷隆盛と直談判し、人口百万の江戸を戦火から救っている。また、西郷に請われて明治天皇の侍従となって信頼され、その人格形成に影響を与えたと伝えられている。鉄舟は武士道を実践しただけではなく、武士道についても解説し、日本人の精神教育に貢献をなした。一方、剣術の面では、明治天皇の下賜金で剣道場「春風館」を創建し、無刀流を創始して心の修養を重視し、「心のほかに刀無し（心外無刀）」と提唱し、剣術修行の究極は心の修行に他ならないという剣禅一如の思想を確立している。春風館という道場の名は、鎌倉時代の執権の北条時宗の師である無学祖元（一二二六〜一二八六）が詠んだ偈《げ》の一句「珍重す大元の三尺の剣、電光影裏に春風を斬る」に由来する。この句を取り上げたのが沢庵和尚であり、『不動智神妙録』と『太阿記』は、山岡鉄舟に大きな影響を与えている。

山岡鉄舟は安政五年（一八五八）に「修心要領」を著し、「世人剣法を修むるの要は恐らくは敵を切らんがための思ひなるべし。余の剣法を修むるや然らず。余は此法の呼吸に於て神妙の理に悟入せんと欲するにあり。」と宣言し、明治十三年（一八八〇）には、「無刀流兵法」を著し、「撃剣の法術は、事理の二つを錬磨することにある。事は技であり、理は心である。そして錬磨の修行を積んだ時には、事理一致の妙処に至る」と説いている。彼が唱えた「心外無刀」とは、剣術の修錬を通じて、事理一致を目指すものであり、決して殺人の技術を磨くものではなかった。山岡鉄舟は生涯に一人も殺していない。現代剣道について言えば、試合に勝つためではなく、無心の心境に到達するために稽古をするということである。勝利至上主義を戒める意義を有している。

昭和五十年（一九七五）に全日本剣道連盟が「剣道の理念」について、「剣道は剣の理法の修錬による人間形成の道である」と制定し、「剣道修錬の心構え」について、「剣道を正しく真剣に学び　心身を錬磨して旺盛なる気力を養い、剣道の特性を通じて礼節をとうとび　信義を重んじ誠を尽して、常に自己の修養に努め　以って国家社会を愛して　広く人類の平和繁栄に　寄与せんとするものである」と規定したのは、沢庵和尚の剣禅一如とそれを尊重した山岡鉄舟の精神を継承したものと言える。

『玲瓏集』

『玲瓏集』の活字本は『沢庵和尚全集』第五巻（一九二九年刊）に収録されている。『沢庵和尚全集』第一巻「解題」では、『玲瓏集』について、「この集は沢庵和尚の手鈔にして、参徒等に示せるもの、蓋《けだ》し晩年のものなり。東海蔵の真跡本より取れり。」と述べている。品川の東海寺所蔵の『玲瓏集』直筆本を底本とする活字本である。この他に東海寺の住職であった圭窗宗潤氏が沢庵和尚の著作、説法集が散逸せぬように願い、その後任の住職であった秋庭宗琢氏が命《めい》を受けて編集出版した『沢庵広録』（一九〇六年刊）にも収録している。

『玲瓏集』冒頭の一章に「生命ほと尤《もつと》も可惜物《おしむべき》はなし」とある句が本書の眼目である。沢庵和尚は、「義と云ふ事甚《はなはだ》大切なり。義と云ふは、其体を云へは天理也。人の身にうけて性と云ふ。……義は人の中心の邪なき体として、其中心の直なる物を縄墨とすれは、万《よろ》つ作《な》す所の義也」と述べて、心の中に邪心を持たず、無欲正直な心を基準としてなすことが義であると説き、さらに、「此欲を堅めたる身の内に、一向無欲正直なる中心がかくれ居る也。……此心を縄墨にして、一切の事をなす時、皆義也。此中直の物、即ち義の体なり。義は外へあらはれたる所作の上に、かりにすゑたる名なり。仁と云ふも、此中直の物なり。博愛を用とす。体をさして仁と云ひ、博愛の上に、かりに立てたる名也。仁義礼智一体異名也。是中心也と知るべし。故に夫子の道は忠恕也と云へり。忠は即ち中心也。」と述べて、仁義礼智の心、仁愛、博愛が孔子の忠恕の道であると説いて、儒教の聖人である孔子の忠恕を仁愛として認めている。江戸時代に漢学として武士の倫理観の基盤となった朱子学の性善説を踏襲していると言って良い。

（北海道大学名誉教授、札幌北区剣道連盟会長〈剣道教士七段〉）

（1）宮内庁所蔵写本（一）と狩野文庫所蔵写本（二）及び内閣文庫写本（三）については、拙稿「沢庵宗彭『不動智神妙録』古写本三種・『太阿記』古写本一種」（「北大文学研究科紀要」一〇三号、二〇〇一）に古写本、刊刻本、活字本について紹介し原本全文の写真版と対照活字文（要訂正箇所有り）を掲載しているので参照されたい。

（2）書陵部本の詳細な内容については拙著『禅の思想と剣術』（日本武道館、二〇〇八年刊）第一章第二節『不動智』に全文を挙げて解説しているので参照されたい。

（3）内閣文庫本の詳細な内容については、拙稿「沢庵『不動智神妙録』を読む」（全日本剣道連盟編『剣窓スペシャル』二〇〇三年刊）を参照されたい。

（4）池田諭訳『不動智神妙録』（徳間書店、一九七〇年刊）、市川白弦訳『沢庵』も、原文はいずれも『沢庵和尚全集』活字本に依拠している。残念なことに『沢庵和尚全集』本には字句の誤りと衍文《えんぶん》が見受けられる。

現在、流布している活字本、例えば植木直一郎編『武士道全書』第二巻（時代社、一九四二年初版／国書刊行会、一九九八年復刊）所収の活字本『不動智神妙録』は、国会図書館所蔵の写本『不動智』を底本としているが、沢庵和尚が柳生宗矩に宛てた諫言を増補している。なお、書陵部の写本にも内閣文庫の写本にも「水焦上、火洒雲」の章はないので、この章は、明治時代になって何種類かのテキストを参照して活字本が作られた際に付箋か何かが混入した衍文かと思われる。

（5）沢庵和尚の剣禅一如については、結城令聞著『剣禅一如　沢庵和尚の教え』（大東出版社、一九四〇年刊／同新版、二〇〇一年刊）、鎌田茂雄著『禅の心剣の極意　沢庵の「不動智神妙録」に学ぶ』（柏樹社、一九八六年刊）等にも解説が見える。結城令聞氏（一九〇二〜一九九二）はインド仏教の高名な専門家であり、剣禅一如の実践者である。鎌田茂雄氏（一九二七〜二〇〇一）は中国仏教の専門家で合気道を修行され、『禅と合気道』という共著もあるが、剣道に少し疎い点があり、惜しまれる。

（6）狩野文庫の古写本の写真版と対照活字文は、拙稿「沢庵宗彭『不動智神妙録』古写本三種・『太阿記』古写本一種」（『北大文学研究科紀要』一〇三号、二〇〇一）に収録している。

本書は一九九四年六月一五日に講談社から刊行された「禅入門」第八巻『沢庵　不動智神妙録・太阿記・玲瓏集』(『日本の禅語録』第十三巻『沢庵』〈講談社、一九七八年〉の再構成版)を文庫化したものである。

ちくま学芸文庫

不動智神妙録《ふどうちしんみょうろく》／太阿記《たいあき》／玲瓏集《れいろうしゅう》

二〇二三年二月十日　第一刷発行

著者　沢庵宗彭（たくあん・そうほう）
訳者　市川白弦（いちかわ・はくげん）
発行者　喜入冬子
発行所　株式会社　筑摩書房
東京都台東区蔵前二―五―三　〒一一一―八七五五
電話番号　〇三―五六八七―二六〇一（代表）
装幀者　安野光雅
印刷所　株式会社精興社
製本所　加藤製本株式会社

ISBN978-4-480-51168-3 C0115